AF724699

COLLECTION H. GIACOMELLI

(Troisième Vente)

LIVRES MODERNES

Ouvrages enrichis d'Aquarelles

EDITIONS ORIGINALES

LA VENTE AURA LIEU

Les 19, 20, 22, 23 et 24 Mai 1905

A deux heures très précises de l'après-midi

HOTEL DES COMMISSAIRES-PRISEURS, 9, RUE DROUOT

Salle n° 7, au premier étage

Par le Ministère

de Me MAURICE DELESTRE ✻, Commissaire-Priseur

5, RUE SAINT-GEORGES, 5 (IXe)

Assisté de M. A. DUREL, O. I. Libraire-Expert

21, Rue de l'Ancienne-Comédie, 9-11, Passage du Commerce (VIe)

Voir l'ordre des Vacations à la fin du Catalogue.

CONDITIONS DE LA VENTE

La vente se fera au comptant.

Les acquéreurs paieront **10 p. 100** en sus des adjudications.

Les livres devront être collationnés dans les vingt-quatre heures de l'adjudication. Passé ce délai, ils ne seront repris pour aucune cause.

M. A. DUREL, **chargé de la vente, remplira aux conditions d'usage, les commissions des personnes qui ne pourraient y assister.**

M. A. DUREL **se réserve la faculté, dans l'intérêt de la vente, de réunir ou de diviser les numéros du Catalogue.**

CATALOGUE

DE TRÈS BEAUX

LIVRES MODERNES

Ouvrages enrichis d'Aquarelles

ÉDITIONS ORIGINALES

composant la

BIBLIOTHÈQUE DE Mr H. GIACOMELLI

PARIS
A. DUREL, LIBRAIRE
21, RUE DE L'ANCIENNE-COMÉDIE, 21
9 ET 11, PASSAGE DU COMMERCE (VIe ARR.)

1905

D.c5412

CATALOGUE

DE LA

BIBLIOTHÈQUE

DE

Mr H. GIACOMELLI

1. **About** (Edmond). Les Mariages de Paris. *Paris, L. Hachette et Cie*, 1856, in-12, cart. dos et coins de perc. brune, non rog., couv.

Édition originale.

2. **About** (Edmond). Nos artistes au salon de 1857. — La Grèce contemporaine. — Salon de 1864. *Paris, L. Hachette et Cie*, 1858-1864, 3 vol. in-12, 1 vol. br. et 2 vol. cart., dos et coins de perc. brune, non rog.

3. **About** (Edmond). Le Roi des Montagnes. Cinquième édition, illustrée par Gustave Doré. *Paris, L. Hachette et Cie*, 1861, in-8, fig., demi-rel. dos et coins de mar. orange, fil. sur le dos et sur les plats, tête dor., non rog. (*Dupré*).

Ouvrage orné de nombreuses gravures sur bois dans le texte et 12 planches tirées à part.
Premier tirage des illustrations de Gustave Doré.
On a ajouté à cet exemplaire, un portrait-charge d'Edmond About, chargé de lauriers et de prix, **aquarelle originale** de **Octavie R*****, 1859.

4. **About** (Edmond). Le Roi des Montagnes. Dessins de Charles Delort, gravés par Mongin. *Paris, Librairie des Bibliophiles*, 1883, in-8, fig., ornem. par Giacomelli, cart. Bradel, dos et coins de mar. vert, tête dor., ébarbé, couv.

Exemplaire imprimé sur **papier de Chine**, contenant la suite des figures en double épreuve, avec et avant la lettre.

5. **About** (Edmond). Tolla. Avec les illustrations de Félicien de Myrbach et un portrait d'après Paul Baudry. *Paris, Hachette et Cie*, 1889, in-4, fig., br., couv., emboîtage en velours de Gênes, non rog.

Exemplaire sur **papier du Japon** numéroté, contenant **3 états** des planches hors texte, sur papier vélin, papier de Chine et papier du Japon.

6. **About** (Edmond). Trente et quarante. Avec les illustrations de H. Vogel et les ornem. de A. Giraldon, gravés à l'eau-forte typographique et au burin par Verdoux, Ducourtioux et Huillard. *Paris, Hachette et Cie*, 1891, gr. in-8, fig., demi-rel. dos et coins de mar. rouge, dos orné, fil., tête dor., non rog. (*Champs*).

Exemplaire imprimé sur **papier de Chine**, contenant les 16 eaux-fortes hors texte, en **3 états**.

7. **Abrantès** (Mme la Duchesse d'). Mémoires. *Paris, Garnier frères, s. d.*, 10 vol. in-12, cart. dos et coins de perc. grise, non rog., couv.

Souvenirs historiques sur Napoléon, la Révolution, le Directoire, le Consulat, l'Empire et la Restauration.

8. **Ailes et Fleurs.** Compositions de Hector Giacomelli. Poésies de Victor Hugo, Théophile Gautier, François Coppée, Alexandre Dumas fils, André Theuriet, Georges Lafenestre, Auguste Lacaussade, Ernest d'Hervilly, Alexandre Piedagnel, Gustave Mathieu. *Paris, Librairie de la Société anonyme de publications périodiques, s. d.* (1879), gr. in-fol., demi-rel. dos et coins de mar. rouge jans., tête dor. (*Paul Vié*).

Ouvrage contenant 20 planches exécutées en grisaille, montées sur bristol bleu, encadrées d'un filet or et accompagnées chacune d'un feuillet de texte.

9. **Albanès** (A. d') et Georges **Fath.** Les Nains célèbres, depuis l'antiquité jusques et y compris Tom Pouce, illustrés par Edouard de Beaumont. *Paris, G. Havard, s. d.* (1845), pet. in-8, fig., cart. dos et coins toile brune, couv.

100 vignettes d'Edouard de Beaumont, en premier tirage.

10. **Anacréon.** Poésies, nouvellement traduites et accompagnées d'une préface par Maurice Albert, compositions d'Emile Lévy, gravées à l'eau-forte par Champollion, dessins de Giacomelli, gravés sur bois par Rouget. *Paris, Librairie des Bibliophiles*,

1885, in-16, fig., demi-rel. dos et coins de mar. orange, tête dor., couv. imprimée en bleu et or (*Dupré*).

Exemplaire imprimé sur **papier de Chine** ; 4 vignettes ou culs-de-lampe sont en tirage à part.

11. **Anthologie** des poètes français du XIXe siècle. *Paris, Alphonse Lemerre, s. d.* (1887-1888). 4 vol. in-8, portr., br., couv.

12. **Aréne** (Paul). Contes de Paris et de Provence. Edition illustrée de 80 dessins de Myrbach, gravés par Florian. *Paris, Alphonse Lemerre, s. d.*, gr. in-8, fig., demi-rel. dos et coins de mar. orange, tête dor., non rog., couv.

Exemplaire imprimé sur **papier de Chine**.

13. **Arène** (Paul). Le Secret de Polichinelle, enluminé par A. Robida. *Paris, Henry Floury*, 1897, in-4 de 26 pages, fig., br., couv. illust.

Exemplaire sur **papier du Japon,** imprimé au nom de M. H. Giacomelli.
Aquarelle originale de **Robida**.

14. **Arioste**. Roland furieux. Nouvelle traduction avec la vie de l'Arioste et des notes sur les romans chevaleresques, etc., par A. Mazuy. *Paris, F. Knab*, 1839, 3 vol. in-8, fig., chag. violet, dent. sur les plats, tr. dor.

Edition illustrée de 85 figures et 1 portrait de l'Arioste, d'après Français, Meissonnier, etc. Elles sont tirées hors texte sur papier de Chine et portent chacune un numéro.

15. **Arioste**. Roland furieux, traduction nouvelle et en prose, par M. V. Philipon de la Madelaine, édition illustrée de 300 vignettes et de 25 planches tirées à part sur Chine, par MM. Tony Johannot, Baron, Français et C. Nanteuil. *Paris, J. Mallet*, 1844, gr. in-8, fig., demi-rel. dos et coins de mar. violet, dos orné, fil., tr. dor. (*Dupré*).

Exemplaire du premier tirage.

16. **Arlincourt** (Le Vicomte d'). Les Ecorcheurs, ou l'Usurpation et la peste, fragmens historiques. *Paris, Eugène Renduel*, 1833, 2 vol. in-8, front. grav., demi-rel. dos et coins bas., mar. grenat, ébarbés.

Edition originale, ornée à chaque volume d'un frontispice de Tony Johannot, gravé par Thompson.
Lettre autographe de l'auteur ajoutée.

17. **Artistes célèbres** (*Les*). Biographies, notices critiques et catalogues, publiés sous la direction de M. Eug. Müntz et Paul Leroi. *Paris, Librairie de l'Art, J. Rouam*, 1886-1893, 11 vol. pet. in-4, fig., br., couv.

Decamps, par Ch. Clément; Bernard Palissy, par Philippe Burty; Prud'hon, par P. Gauthiez; Rembrandt, par Em. Michel; Velasquez, par P. Lefort; Turner, par P.-G. Hamerton; Barye, par Ars. Alexandre; Ant. Watteau, par G. Dargenty; Corot, par L. Roger-Milès; Raffet, par F. Lhomme; Constant Troyon, par Hustin.

18. **Asselineau** (Charles). Charles Baudelaire, sa vie et son œuvre. *Paris, Alphonse Lemerre*, 1869, in-12, portr., br., couv.

Edition originale.
Exemplaire imprimé sur **papier de Hollande**.

19. **Asselineau** (Charles). Mélanges tirés d'une petite bibliothèque romantique. Bibliographie anecdotique et pittoresque des éditions originales des œuvres de Victor Hugo, Alex. Dumas, Th. Gautier, Petrus Borel..... *Paris, René Pincebourde*, 1866, in-8, front. à l'eau-forte de Célestin Nanteuil, cart. dos et coins toile verte, non rog. (*Paul Vié*).

Exemplaire avec l'appendice de la seconde édition, ajouté.

20. **Augé** (Lucien). Routes et Etapes. Quinze eaux-fortes par W.-T. Grommé. *Paris, Baudry. Versailles, Cerf et fils*, 1877, in-8, fig., br., couv.

Exemplaire imprimé sur **papier de Hollande**, contenant les figures avant la lettre.

21. **Augier** (Emile). La Ciguë, comédie en vers. Compositions de Guillaume Dubufe, eaux-fortes de A. Morse. *Paris, Calmann Lévy*, 1893, in-8, fig., cart. Bradel dos et coins de mar. rouge, fil., tête dor., couv. (*Dupré*).

Exemplaire numéroté imprimé sur papier vélin de cuve.

22. **Aventures** du baron de Münchhausen, traduction nouvelle par Théophile Gautier fils, illustrées par G. Doré. *Paris, Ch. Furne, s. d.* (1862), in-4, fig., cart. dos et coins perc. grenat, non rog., couv. (*Paul Vié*).

Premier tirage des illustrations de Gustave Doré.

23. **Aventures** (*Les*) merveilleuses de Fortunatus, avec une préface par Henry Fouquier et cent-vingt dessins dans le texte par

Edouard de Beaumont. *Paris. Librairie des Bibliophiles.* 1887, gr. in-8, fig., cart. dos et coins toile rouge, non rog., couv. (*Paul Vié*).

Un des **15** exemplaires su papier **de Chine**.
Envoi de l'éditeur à M. Giacomelli.

24. **Alexis** (Paul). Emile Zola. Notes d'un ami. *Paris. G. Charpentier*, 1882, in-12, portr., cart. dos et coins toile rouge, non rog., couv. (*Carayon*).

Edition originale.

25. **Armengaud**. Les Galeries publiques de l'Europe. Rome. *Paris, J. Claye*, 1856, in-fol., fig., demi-rel. chag. vert, fers spéciaux sur le dos et les plats, tr. dor.

Exemplaire de premier tirage.
Envoi d'auteur.

26. **Aquarellistes français** (Société d'), 8 fascicules. — Grands peintres français et étrangers, 8 fascicules. *Paris, H. Launette et Goupil*, 1883-1884, 16 fascicules, in-fol., fig. dans le texte et planches hors texte, en feuilles, renfermés dans des cartons illustrés.

Ouvrages d'art, publiés avec le concours artistique de tous les Sociétaires et des Maîtres. Texte par les principaux critiques d'art, formant quatre volumes imprimés sur papier vélin du Marais et illustrés de nombreuses reproductions en photogravure.
Le premier ouvrage porte un envoi de l'Editeur Launette à M. Giacomelli.

27. **BALZAC** (H. de). Le Colonel Chabert, avec un portrait et six compositions de Delort gravées par Boisson. *Paris, Calmann Lévy*, 1886, pet. in-8, demi-rel. dos et coins de mar. grenat, tête dor., couv. (*Dupré*).

Tirage à 225 exemplaires numérotés sur papier vélin du Marais pour M. Conquet.
Exemplaire contenant **3 états** des eaux-fortes : Eaux-fortes pures sur Japon ; avant et avec la lettre.
Dessin original de M. **Edouard Detaille**, représentant le colonel Chabert, avec la dédicace suivante :
A mon ami Giacomelli, son vieux Chabert, par Edouard Detaille. Mai 1890.

28. **Balzac** (H. de). Les Contes drolatiques... Cinquiesme édition illustrée de 425 dessins par Gustave Doré. *Se trouve à Paris, ez bureaux de la Société générale de librairie*, 1855, pet. in-8.

fig., demi-rel. dos et coins de mar. rouge, dos orné, fil., tête dor., non rog.

Premier tirage des illustrations de Gustave Doré.

29. **Balzac** (H. de). Les Contes drolatiques. Huitiesme édition illustrée de 425 dessins par Gustave Doré. *Paris, Garnier frères, s. d.*, in-8, fig., cart. Bradel, dos et coins de mar. rouge, dos orné, fil., non rog., couv. (*Carayon*).

Exemplaire imprimé sur **papier de Chine**.

30. **Balzac** (H. de). Correspondance. 1819-1850, avec un beau portrait gravé par Gustave Lévy. *Paris, Calmann Lévy*, 1876, 2 vol. in-12, portr., cart. dos et coins perc. verte, non rog., couv.

Edition originale.

31. **Balzac** (H. de). La Cousine Bette. Dix compositions par G. Caïn, gravées à l'eau-forte par Gaujean et Géry Bichard. *Collection Calmann Lévy. Maison Quantin*, 1888, in-8, fig., br., couv.

Le titre est enrichi d'une **composition de M. G. Caïn** (un groupe de trois pensées) exécuté à **l'aquarelle**, le faux titre et le titre portent les envois suivants :
Au Louis XIV des Oiseaux son Dangeau ordinaire. G. C.
A Hector Giacomelli son ami très dévoué. Georges Caïn.

32. **Balzac** (H. de). La Femme de trente ans, couv. illust. et 35 compositions par A. Robaudi gravées au burin et à l'eau-forte par Henri Manesse. *Paris, Librairie L. Conquet, L. Carteret et Cie, succrs*, 1902, in-8, fig., cart. Bradel, dos et coins de mar. fauve, dos orné, fil., tête dor., non rog., couv. illust. (*Dupré*).

Exemplaire imprimé sur **papier du Japon** contenant le tirage à part sur Japon de toutes les illustrations du texte.
Offert par l'éditeur à M. Giacomelli.

33. **Balzac** (H. de). Les Chouans, illustrations de Julien Le Blant, gravées sur bois par Léveillé. *Paris, Em. Testard*, 1889, gr. in-8, fig., cart. dos et coins de perc. grenat, non rog., couv. (*Carayon*).

34. **Balzac** (H. de). La Maison du Chat qui pelote. Préface de Francisque Sarcey. Quarante compositions de L. Dunki gravées sur bois par M. Baud. *Paris, Librairie L. Conquet, L. Carteret*

et Cie, succrs. 1899, in-8, fig., demi-rel. dos et coins de mar. violet, dos orné, fil., tête dor., couv. (*Dupré*).

Tirage unique à 200 exemplaires sur papier vélin du Marais à la forme. Exemplaire offert par l'éditeur à M. Giacomelli.

35. **Balzac** (H. de). Œuvres. 8 vol. 1 vol. in-12 et 7 vol. in-16.

Physiologie du Mariage. *Paris, Charpentier*, 1838. — Revue parisienne (1er volume), 25 juillet 1840. — Maximes et pensées. *Paris, Plon*, 1852. — Théorie de la Démarche. *Paris, Eug. Didier*, 1853. — Les Peines de cœur d'une Chatte anglaise. *Paris, Hetzel*, 1853. — Code des gens honnêtes. *Paris. Librairie Nouvelle*, 1854. — Les Femmes. Deuxième édition. *Paris, Michel Lévy et Hetzel*, 1857.

36. **Balzac** (H. de). Œuvres. *Paris, Calmann Lévy*, 1879-1899. 5 vol. in-8, br.

Tomes XX à XXIII, œuvres diverses : *Contes et nouvelles*; *Physionomies et esquisses parisiennes* ; *Portrait et critique littéraire; Etudes historiques et politiques*. — Tome I. Œuvres posthumes. *Lettres à l'Étrangère*.

37. **Balzac** (H. de). Œuvres complètes illustrées par Cortazzo, Robaudi ; P. Vidal ; G. Bussière ; Adr. Moreau ; G. Cain, etc.. *Paris, P. Ollendorff*, 1900, 6 vol. in-8, fig., br.

Eugénie Grandet. — Le Cousin Pons. — Le Lys dans la Vallée. — Le Père Goriot. — Le Médecin de Campagne. — Les Paysans.

38. **Balzac** (H. de). Œuvres complètes. *Paris, Librairie Nouvelle*. 1856-1859, 45 vol. in-18, cart. dos et coins de toile bleue, non rognés.

39. **BALZAC** (H. de). Paris Marié. Philosophie de la vie conjugale, commentée par Gavarni. *Paris, publié par Hetzel*, 1846, pet. in-8, fig., cart. Bradel, dos et coins de mar. citron, non rog.

Edition originale.

Exemplaire unique sur **papier de Chine** imprimé seulement sur le recto de chaque page, on y a ajouté 5 figures de Gavarni gravées par Lavieille.

Resté inconnu à Brivois et à G. Vicaire.

40. **Balzac** (H. de). La Peau de Chagrin. Etudes sociales. *Paris, H. Delloye, Victor Lecou*, 1838, gr. in-8, fig., demi-rel. dos et coins de mar. vert, dos orné, fil.. ébarbé (*Canape*).

Beau livre illustré par Baron, Janet-Lange, Gavarni, Français, etc.

Exemplaire de premier tirage, avec le titre contenant la vignette du squelette ; page 287 se trouve le portrait de Fœdora gravé par Madame F. Fournier d'après Marckl.

On y a ajouté un **fumé** de Tony Johannot gravé par Porret, sur Chine.

41. **Balzac** (H. de). La Rabouilleuse. Les Célibataires. *Paris. L. Borel*, 1900, in-12, fig., br., couv.

Un des **20** exemplaires imprimés sur **papier de Chine**.

42. **Balzac** (H. de) (Ecrits bibliographiques, biographiques et littéraires sur). 9 vol. in-12 et in-16.

H. de Balzac. Essai sur l'homme et sur l'œuvre par Arm. Baschet, *Paris, Giraud*, 1852. — Balzac par Eug. de Mirecourt. *Paris, Roret*, 1854. — Balzac en pantoufles par L. Gozlan. *Paris, Michel Lévy*, 1856. — Balzac, sa vie et ses œuvres par Mme L. de Surville. *Paris, Librairie Nouvelle*, 1858. — Portrait intime de Balzac par Edm. Werdet. *Paris, Dentu*, 1859. — Balzac chez lui. Souvenirs des Jardies par L. Gozlan. *Paris, Michel Lévy*, 1862. — Balzac et ses Œuvres par A. de Lamartine. *Paris, Michel Lévy*, 1866. — Vte Spoelberch de Lovenjoul. Autour de Honoré de Balzac ; Une page perdue de H. de Balzac. *Paris*, 1899, 1903, 2 vol.

43. **Balzac** (H. de) (Etudes critiques et littéraires sur). 5 vol. in-4, in-8 et 2 brochures.

Répertoire de la Comédie humaine de H. de Balzac par Anat. Cerfbeer et Jules Christophe. 1887. — Marcel Barrière. L'Œuvre de H. de Balzac, 1890. — Vte de Spoelberch de Lovenjoul. La Genèse d'un roman de Balzac. Les Paysans ; Histoire des Œuvres de H. de Balzac ; Un dernier chapitre de l'Histoire des Œuvres de H. de Balzac, 1880-1901. — Etude sur l'Œuvre d'Honoré de Balzac par Augustin Cabat, 1889. — Balzac ignoré, par le Dr Cabanès, 1899.

44. **Banville** (Théodore de). Comédies. (Le Feuilleton d'Aristophane. — Le Beau Léandre. — Le Cousin du Roi. — Diane au Bois. — Les Fourberies de Nérine. — La Pomme. — Florise. — Déidamia. — La Perle). *Paris. G. Charpentier*, 1879, in-12, cart. dos et coins de perc. verte, ébarbé, couv.

Seconde édition collective des Comédies de Théodore de Banville.
L'un des **10** exemplaires imprimés sur **papier de Chine**, contenant sur le faux-titre les vers suivants :

A. H. GIACOMELLI
Ami, voici mon théâtre
Sous mon lustre radieux
Je mêle, rimeur folâtre
Les Hommes avec les Dieux
. . . .
Et dans ma forêt sur l'herbe
Où chantent de claires eaux
Passe Amour, le roi superbe
Ailé comme les oiseaux !

THÉODORE DE BANVILLE.

45. **Banville** (Théodore de). Dans la Fournaise. Dernières poésies. Avec un dessin de G. Rochegrosse. *Paris. G. Charpentier et E.*

Fasquelle, 1892, in-12, front., cart. dos et coins de perc. verte, ébarbé, couv. (*P. Vié*).

Édition originale.
Un des **15** exemplaires imprimés sur **papier de Hollande**.

46. **Banville** (Théodore de). Esquisses parisiennes. Scènes de la vie. *Paris, Poulet-Malassis et de Broise*, 1859, in-12, titre rouge et noir avec une vignette de Feyen, demi-rel. chag. brun, tête jasp., ébarb.

Édition originale.

47. **Banville** (Théodore de). Esquisses parisiennes. Scènes de la vie. *Paris, Charpentier*, 1876, in-12, cart. dos et coins de perc. verte, ébarb., couv.

Exemplaire imprimé sur **papier de Hollande** contenant sur le faux titre les vers suivants :

A H. GIACOMELLI

Ami, le Printemps sourit,
Les Femmes occupent d'elles
Et j'entends dans mon esprit
Comme un frémissement d'ailes
. . . .
Car il devient, grâce à mes
Expériences accrues
Une volière où je mets
Les fauvettes et les grues !

THÉODORE DE BANVILLE.

48. **Banville** (Théodore de). Gringoire, comédie en un acte, en prose. Un portrait et quatorze compositions de J. Wagrez gravés à l'eau-forte par L. Boisson. *Paris, Librairie L. Conquet, L. Carteret et Cie, succrs*, 1899, gr. in-8, fig., cart. Bradel, dos et coins de mar. orange, fil., tête dor., non rog., couv. (*Dupré*).

Exemplaire imprimé sur **papier du Japon**.
On y joint : Gringoire, comédie en un acte en prose par Th. de Banville. *Paris, Michel Lévy frères*, 1866, in-12, cart. non rog., couv. (*Edit. orig.*).

49. **Banville** (Théodore de). La Mer de Nice. Lettres à un ami. *Paris, Poulet-Malassis et de Broise*, 1861, in-12, titre rouge et noir, demi-rel. chag. grenat, tête jasp., ébarb.

Édition originale.

50. **Banville** (Théodore de). Les Exilés (Odelettes : Améthystes ; Rimes dorées ; Rondels ; Les Princesses ; Trente-six ballades

joyeuses). Edition définitive. *Paris, G. Charpentier*, 1878, in-12, cart. dos et coins de perc. verte, non rog., couv.

Un des **10** exemplaires imprimés sur **papier de Chine** contenant sur le faux titre les vers suivants :

A GIACOMELLI

Il faut bien que tu m'accueilles
Dans les rayons apparus
Sous tes ombres de tes feuilles
Je ne suis pas un intrus.
. . . .
Vois plutôt : La rose m'aime
Interroge les roseaux
Mon métier ? Je fais le même
Que tes amis les Oiseaux

THÉODORE DE BANVILLE.

51. **Banville** (Théodore de). Marcelle Rabe, avec un dessin de Georges Rochegrosse. *Paris, Bibliothèque Charpentier*, 1891, in-12, front., br., couv.

Edition originale.
Un des **25** exemplaires imprimés sur **papier de Hollande**, frontispice sur Chine.

52. **Banville** (Théodore de). Petit traité de poésie française. *Paris, G. Charpentier*, 1881, in-12, cart. dos et coins perc. verte, non rog., couv.

Edition originale.
Un des **35** exemplaires imprimés sur **papier de Hollande**.

53. **Banville** (Théodore de). Poésies complètes. Odes funambulesques. Occidentales. Idylles prussiennes. Edition définitive. *Paris, G. Charpentier*, 1878, in-12, cart. dos et coins de perc. verte, ébarbé, couv.

Un des **10** exemplaires imprimés sur **papier de Chine**, contenant sur le faux-titre, les vers suivants :

A H. GIACOMELLI

Pour qu'à tes pinceaux fidèles
Tout un peuple s'abonnât
Tu sus choisir les modèles
Plus sagement que Bonnat
. . . .
Car tu peins le Merle grand
En noir, comme un espagnol
Et la Fauvette suave
Et le nommé Rossignol ?

THÉODORE DE BANVILLE.

54. **Banville** (Théodore de). Poésies complètes. Les Cariatides. Les Stalactites. Le Sang de la coupe, roses de Noël. Edition définitive. *Paris, G. Charpentier*, 1879, in-12, cart. dos et coins de perc. verte, ébarbé, couv.

Un des **10** exemplaires imprimés sur **papier de Chine**, contenant sur le faux-titre, les vers suivants :

Ainsi que des demoiselles
Marchant dans l'air embelli
Mes Rimes étant oiselles
Vont voir Giacomelli
. . . .
Elles font une harangue
Et volent sur ses genoux
Et lui disent en leur langue
Monsieur le peintre, c'est nous !

Théodore de Banville.

55. **Banville** (Théodore de). Poésies nouvelles. Nous tous. Décembre 1883. Mars 1884, avec un dessin de Georges Rochegrosse. *Paris, G. Charpentier*, 1884, in-12, front., cart. dos et coins de perc. verte, ébarbé, couv.

Edition originale.
Un des **10** exemplaires imprimés sur **papier de Chine**, contenant une carte de visite de Mme de Banville, portant ces mots : *Merci, Monsieur, de garder un tendre et pieux souvenir à mon bien aimé mari.*

56. **Banville** (Théodore de). Poésies nouvelles. Sonnailles et Clochettes. *Paris, G. Charpentier*, 1890, in-12, front., cart. dos et coins de perc. verte, ébarbé, couv. (*P. Vié*).

Edition originale.
Exemplaire imprimé sur **papier de Chine** (tiré à deux exemplaires pour l'auteur, G. Vicaire).

57. **Banville** (Théodore de). Riquet à la Houppe, comédie féerique avec un dessin de Georges Rochegrosse. *Paris, G. Charpentier*, 1884, in-12, cart. dos et coins de perc. verte, ébarbé, couv.

Edition originale.
Un des **10** exemplaires imprimés sur **papier de Chine**.

58. **Banville** (Théodore de). Scènes de la vie. Contes féeriques avec un dessin de Georges Rochegrosse. *Paris, G. Charpentier*, 1882, in-12, cart. dos et coins de perc. verte, ébarbé, couv.

Edition originale.
Exemplaire imprimé sur **papier de Hollande**.

59. **Banville** (Théodore de). Socrate et sa femme, comédie. *Paris, Calmann Lévy*, 1885, in-12, cart. dos et coins de perc. verte, non rog., couv. (*P. Vié*).

Edition originale.
Un des **25** exemplaires imprimés sur **papier de Hollande**.
On y joint : Théodore de Banville. L'Ami de Paris. *Paris, Charpentier et Cie*, 1890, in-12, br., couv. (*Edition orig.*).

60. **Barbey d'Aurevilly** (Jules). Le Chevalier Des Touches, dessins de Julien Le Blant, gravés par Champollion. *Paris, Librairie des Bibliophiles*, 1886, gr. in-8, fig., cart. Bradel dos et coins de mar. vert foncé, non rog., couv.

Exemplaire sur **papier de Chine** de format gr. in-8, contenant les gravures en **3 états**. Eau-forte, avant la lettre et avec la lettre.
Envoi de l'éditeur à M. Giacomelli.

61. **Barbey d'Aurevilly** (Jules). Du Dandysme et de Georges Brummell, 3e édition. *Paris, Alph. Lemerre*, 1879, in-12, cart. dos et coins de perc. rouge, ébarbé, couv. parchem. (*P. Vié*).

A Monsieur Giacomelli. La puissance d'un rien.
JULES BARBEY D'AUREVILLY.

62. **Barbey d'Aurevilly** (Jules). Les Diaboliques. *Paris, E. Dentu*, 1874, in-12, br., couv.

Edition originale, rare.
La couverture porte Deuxième édition.

63. **Barbey d'Aurevilly** (Jules). XIXe siècle. Les Œuvres et les Hommes. *Paris, Alph. Lemerre*, 1889-1899, 7 vol. in-8, br., couv.

Les Poètes. — Littérature étrangère. — Littérature épistolaire. — Mémoires historiques et littéraires. — Journalistes et polémistes, chroniqueurs et pamphlétaires. — Portraits politiques et littéraires. — Les Philosophes et les écrivains religieux.
Editions originales.

64. **Barbey d'Aurevilly** (Jules). Une Histoire sans nom. — Ce qui ne meurt pas. *Paris, Alph. Lemerre*, 1882-1884, 2 vol. in-12, br., couv.

Editions originales.
On y joint : J. Barbey d'Aurevilly. Pensées détachées. *Paris, A. Lemerre*, 1889, in-12, br., couv. (*Edition orig.*).

65. **Barbey d'Aurevilly** (Jules). Œuvres. *Paris, Alph. Lemerre*, 1878-1884, 7 vol. pet. in-12, 5 vol. br. et 2 vol. cart. dos et coins de perc. rouge.

L'Ensorcelée. — Le Chevalier Des Touches. — Un Prêtre marié, 2 vol. — Une Vieille Maîtresse, 2 vol. — L'Amour impossible.

66. **Barbey d'Aurevilly** (Jules). Les Quarante médaillons de l'Académie. *Paris, E. Dentu*, 1864, in-12, br., couv.

Edition originale.
On y joint du même auteur: *Vieilles actrices*, 1890, et *le Roman contemporain*, 1902.

67. **Barras** (Mémoires de), membre du Directoire, publiés avec une introduction générale des préfaces et des appendices, par George Duruy. *Paris, Hachette et Cie*, 1895, 2 vol. in-8, portr., br.

68. **Barrès** (Maurice). Une Journée parlementaire, comédie de mœurs en trois actes. *Paris, Charpentier et Fasquelle*, 1894, in-8 de 88 pages, br., couv.

Edition originale.

69. **Barthélemy**. Douze journées de la Révolution, poëmes. *Paris, Perrotin*, 1832, in-8, fig., demi-rel. mar. rouge, tête dor., couv. (*Dupré*).

Edition originale, ornée de 12 eaux-fortes tirées sur Chine, d'après Alfred et Tony Johannot et Raffet.
Exemplaire du premier tirage, la couverture imprimée sur papier brun, contient en plus du titre ci-dessus: Septième Journée. La Mort de Louis XVI.

70. **Barthélemy**. Douze journées de la Révolution, poëmes. *Paris, Perrotin*, 1832, in-8, fig., demi-rel. dos et coins cuir de Russie, tête dor., couv.

Edition originale, ornée de 12 eaux-fortes, tirées sur Chine d'après Alfred et Tony Johannot et Raffet. La couverture imprimée sur papier gris, porte en plus du titre: Douzième journée. Saint-Cloud (18 Brumaire an 8 — 9 Novembre 1799).

71. **Barthélemy**. Némésis. Quatrième édition, ornée de 15 gravures d'après les dessins de Raffet. *Paris, Perrotin*, 1835, 2 vol. in-8, fig., demi-rel. dos et coins de mar. rouge, fil., non rog., couv. (*Champs*).

Exemplaire imprimé sur **papier vélin,** contenant le premier tirage des illustrations de Raffet en double état, avec et **avant la lettre sur Chine**.
La première vignette du tome 1er est en double épreuve imprimée sur **satin blanc**.

72. **Barthélemy et Méry**. Œuvres (Napoléon en Egypte. Waterloo. Le Fils de l'Homme. Les douze journées. Némésis). *Paris, Furne*, 1838, 2 vol. in-8, fig. de Raffet, demi-rel. chag. rouge, non rog.

73. **Barthélemy et Méry**. Napoléon en Egypte, poëme en huit chants. Dixième édition. *Paris, Ambr. Dupont*, 1829, in-12, veau fauve, écusson et dent. à froid sur les plats, fil., tr. marb. (*Reliure romantique*).

74. **BAUDELAIRE** (Charles). Œuvres complètes. Edition définitive, augmentée d'un grand nombre de poëmes nouveaux, précédées d'une notice par Théophile Gautier. *Paris, Michel Lévy frères*, 1868-1870, 7 vol. in-12, portr., br.

Les Fleurs du Mal. — Curiosités esthétiques. — L'Art romantique. — Petits poëmes en prose. — Histoires extraordinaires par Edgar Poe. — Aventures d'Arthur Gordon Pym.
Exemplaire imprimé sur **papier de Hollande**, rare.

75. **Baudelaire** (Charles). Œuvres complètes. *Paris, Alphonse Lemerre*, 1878-1892, 7 vol. pet. in-12, portr., br., couv.

Un des **30** exemplaires imprimés sur **papier de Chine**.

76. **Baudelaire** (Charles). Complément aux Fleurs du Mal (Edition Michel Lévy, 1869). *Bruxelles, chez tous les Libraires*, 1869, in-12, de 32 p., br., couv.

77. **Baudelaire** (Charles). Théophile Gautier, notice littéraire précédée d'une lettre de Victor Hugo. *Paris, Poulet-Malassis et de Broise*, 1859, in-12, texte encadré d'un filet noir, frontispice gravé à l'eau-forte par E. Thérond, br., couv.

Edition originale.

78. **Bayard** (Emile). L'Illustration et les Illustrateurs, ouvrage orné de vignettes des principaux artistes et des portraits par l'auteur, avec une préface de M. Henry Havard. *Paris, Ch. Delagrave*, 1898, gr. in-8, fig., cart. Bradel, dos et coins toile grenat, ébarb., couv. (*Paul Vié*).

79. **Beaumarchais.** Le Barbier de Séville ; Le Mariage de Figaro, avec une notice par Aug. Vitu. Dessins de S. Arcos, gravés à l'eau-forte par Monziès. *Paris, Librairie des Bibliophiles*, 1882, 2 vol. in-8, fig., br., couv.

Exemplaire imprimé sur **papier Whatman**, contenant les eaux-fortes en double épreuve, avec et avant la lettre.

80. **Beaumont** (Ed. de). Un Drame dans une Carafe. Dessins par Louis Leloir. *Paris, Librairie des Bibliophiles*, 1882, gr. in-8, fig., cart., non rog., couv.

Exemplaire imprimé sur **papier Whatman**, contenant le frontispice en **3 états**.

Au peintre des Oiseaux, hommage de nos mouches.

D. Jouaust.

81. **Beaumont** (Ed. de). L'Epée et les Femmes, cinq dessins de Meissonier tirés hors texte. *Paris, Librairie des Bibliophiles*, 1881, in-4, fig., mar. vert olive, compart. de 7 filets sur les plats et int., tr. dor. (*Marius Michel*).

Exemplaire imprimé sur **papier Whatman**, avec triple épreuve des gravures, couverture imprimée en bleu et bistre.

82. **Beaumont** (Ed. de). Fleur des belles épées. *Paris, Boussod, Valadon et Cie*, 1885, in-fol., texte et planches en feuilles dans un carton.

Exemplaire imprimé sur **papier de Hollande** orné de 10 planches en photogravure, tirées sur **parchemin**.

83. **Beaux-Arts**. Biographies d'artistes. 12 vol. ou broch. in-8 et in-12.

Rembrandt et l'individualisme dans l'art par Coquerel, 1869. — Notice sur la vie et les ouvrages de Prud'hon, 1824. — Vie de David par M. A. Th***, 1826. — Jean Gigoux. Causeries sur les Artistes de mon temps, 1885. — André Theuriet. Jules Bastien-Lepage. L'Homme et l'Artiste. 1885. — Géricault. Etude par Ch. Clément. 1868. — H. Cazalis. Henri Regnault. Sa vie et son œuvre. 1872.

84. **Beaux-Arts**. Salons. 5 vol. in-8 et in-12, br. et rel.

Salon de 1847 par P. Mantz. — Maxime du Camp. Les Beaux-Arts à l'Exposition universelle de 1855. — Memento du Salon de peinture en 1875 par A. de La Fizelière. — Les Beaux-Arts à l'Exposition universelle de 1878 par M. Ch. Blanc. — Le Décameron du Salon de peinture pour l'année 1881 par Edm. About. — Quinze journées au Salon de peinture, année 1883, par Edm. About (*Exemplaire sur papier Whatman*).

85. **Beaux-Arts**. Réunion d'environ 100 volumes ou brochures, Monographies d'artistes, biographies, etc. (*Pourra être divisé*).

86. **Becque** (Henry). Théâtre complet. *Paris, G. Charpentier*, 1890, 2 vol. in-12, br., couv.

Première édition collective.

87. **Béquet** (Etienne). Marie ou le mouchoir bleu. Notice littéraire par Adolphe Racot. Six compositions par de Sta, gravées par Abot. *Paris, L. Conquet*, 1884, in-18, fig., cart. dos et coins de perc. bleue, ébarb., couv (*Paul Vié*).

Exemplaire imprimé sur papier vélin à la cuve, contenant 2 états des eaux-fortes avec et avant la lettre.
Envoi de l'Editeur à M. Giacomelli.

88. **Beraldi** (Henri). 1865-1885. Bibliothèque d'un Bibliophile. *Lille, Impr. L. Danel*, 1885, pet. in-8, cart. Bradel, dos et coins de mar. vert, fil., tête dor., non rog. (*Dupré*).

Envoi de M. H. Beraldi à M. Giacomelli et portrait ajouté de M. Eugène Paillet, gravé à l'eau-forte par Abot.
On a relié à la suite : 1872-1884. Mes Estampes. *Lille, Impr. L. Danel*, 1884, papier vélin teinté (Catalogue anecdotique de la Collection Béraldi, imprimé à petit nombre. Envoi de M. Beraldi à M. Giacomelli.

89. **Beraldi** (Henri). Cent Ans aux Pyrénées. *Lille, Imp. L. Danel*, 1898-1903, 6 vol. in-8, br., couv.

Ouvrage imprimé à 300 exemplaires sur papier vélin.

90. **Beraldi** (Henri). Estampes et Livres. 1872-1892. *Paris, Librairie L. Conquet*, 1892, gr. in-8, fig., demi-rel. dos et coins de mar. bleu, dos orné et mosaïqué, fil., tr. dor. (*Dupré*).

Tirage unique à 390 exemplaires numérotés sur papier vélin du Marais dont 300 seulement ont été mis en vente.
Ouvrage orné de 43 planches dont 12 en chromotypie de Danel et 29 en héliogravure de Dujardin.

91. **Beraldi** (Henri). Les Graveurs du XIXe siècle. Guide de l'Amateur d'estampes modernes. *Paris, Librairie Conquet*, 1885-1892, 12 vol. in-8, br., couv.

Exemplaire imprimé sur **papier de Hollande**.
Envoi et 5 lettres autographes de M. H. Beraldi à M. Giacomelli.
On a ajouté 36 frontispices par Rudaux ; Teyssonnières ; Toussaint ; Grandmaison ; Robida ; Piguet ; M. Leloir ; A. Lepère ; Fraipont ; Lalauze ; Courtry ; Mazzoli ; etc.

92. **Beraldi** (Henri). Propos de Bibliophile, gravure et lithographie, reliure. *Lille, L. Danel*, 1901, pet. in-8, br., couv.

Imprimé à **60** exemplaires.
Envoi de M. H. Beraldi à M. Giacomelli.

93. **Beraldi** (Henri). Raffet, peintre national. *Paris, Publication*

de la Librairie illustrée, s. d. (1892), in-fol. de 56 p., fig., cart. dos et coins de toile rouge, couv.

La couverture illustrée, imprimée en rouge et bleu, tient lieu de titre.
On y joint : Une lettre autographe de M. Beraldi à M. Giacomelli.
Un portrait de Raffet en photographie avec dédicace de Raffet, au crayon, à M. Giacomelli : et une photographie du monument élevé à Raffet, érigé au Louvre.

94. **Beraldi** (Henri). Raffet. *S. l. n. d.*, in-8, fig., cart. Bradel, dos et coins de mar. rouge, tête dor., non rog. (*Dupré*).

Extrait du tome XI des graveurs du XIXe siècle. *Paris, Conquet*, 1885-1892.
On a ajouté à cet exemplaire **3** portraits de Raffet et **56** vignettes du même, épreuves sur Chine.

95. **Beraldi** (Henri). Raffet, peintre national. *Paris, Publication de la Librairie illustrée, s. d.* (1892), in-fol. de 56 p., fig., br., couv.

96. **Beraldi** (Henri). La Reliure du XIXe siècle. *Paris, L. Conquet*, 1895-1897, 4 vol. gr. in-8, planches de reliures, br., couv.

Tirage unique à 295 exemplaires numérotés sur papier vélin du Marais.
Exemplaire no 22 imprimé au nom de M. Giacomelli.
Envoi de l'éditeur Conquet.

97. **Beraldi** (Henri). Voyage d'un Livre à travers la Bibliothèque Nationale. *Paris, G. Masson*, 1893, in-8 de 46 p., fig., br.

Exemplaire imprimé sur **papier Whatman**.

98. **BÉRANGER** (P.-J. de). Œuvres complètes. Nouvelle édition illustrée de cinquante-deux belles gravures sur acier d'après les dessins de MM. Charlet, A. de Lemud, Johannot, Daubigny, Pauquet, Jacques, J. Lange, etc. *Paris, Perrotin*, 1847, 2 vol. — Dernières Chansons de P.-J. de Béranger de 1834 à 1851. *Paris, Perrotin*, 1857. — Ens. 3 vol. in-8, demi-rel. dos et coins de mar. rouge, dos ornés, fil., têtes dor., ébarb., non rog. (*V. Champs*).

Bel exemplaire du premier tirage.
On a ajouté au premier volume des Chansons une **lettre autographe** de **Béranger** adressée à M. Plassan, imprimeur : « *C'est avec autant de surprise que de mécontentement, Monsieur que j'ai appris à quoi avaient tenu les lenteurs interminables de l'impression de mon nouveau volume, quoi..... vous avez pu sans ma permission, malgré les épreuves qui portent mon bon à tirer... , vous permettre la mutilation de mes chansons..... Vous avez pu vous prêter à des suppressions que je n'avais pas autorisées et que vous saviez même que je ne voulais pas faire.....* 30 mars 1825 ».
Les figures de Lemud pour les dernières chansons sont sur **Chine, avant la lettre**.

99. **Béranger** (P.-J. de). Album Béranger-Grandville contenant 120 vignettes sur bois, composées sur les sujets des chansons et gravées par nos premiers artistes. *Paris, H. Fournier*, 1837, in-8, cart., ébarbé.

100. **Bérat** (Frédéric). Chansons, paroles et musique. Illustrations par T. Johannot, Raffet, Bida, Gendron, Lancelot, Mouilleron, E. Leroux, Pauquet, etc., gravées sur bois par Jardin. *Paris, Alex. Curmer, s. d.* (1853), in-8, fig., br., couv.

Exemplaire du premier tirage.

101. **Bergerat** (Emile). L'Espagnole, illustrations de Daniel Vierge, gravées sur bois par Clément Bellenger. *Paris, Librairie L. Conquet*, 1891, in-16, 20 dessins dans le texte, cart. Bradel dos et coins de mar. rouge, non rog., couv. illust. (*Carayon*).

Exemplaire imprimé sur **papier de Chine**, contenant la suite des illustrations du texte en tirage à part sur Chine.
Offert par l'éditeur à M. Giacomelli.

102. **Bergerat** (Emile). Théophile Gautier. Entretiens, souvenirs et correspondance, avec une préface de Edm. de Goncourt. *Paris, G. Charpentier*, 1879, in-12, front. de Bracquemond, br., couv.

Edition originale.
Exemplaire imprimé sur **papier de Hollande**.
A mon bon ami et collaborateur H. Giacomelli, hommage bien sympathique de son devoué. EM. BERGERAT.

103. **Bergeret** (Gaston). Les Evènements de Pontax. *Paris, Henry du Parc, s. d.*, in-12, cart. dos et coins de perc. grise, non rog., couv.

Edition originale.

104. **Bergeret** (Gaston). Les Evènements de Pontax. Ecriture manuscrite et aquarelles originales d'après Henriot. *Paris, Librairie Conquet, Carteret et Cie, Succrs*, 1899, gr. in-8, fig., cart. Bradel dos et coins de mar. olive, mosaïque de mar. sur le dos, non rog., couv. (*Carayon*).

Exemplaire sur papier vélin des papeteries du Marais.

105. **Bergeret** (Gaston). Journal d'un nègre à l'Exposition de 1900. Soixante-dix-neuf aquarelles originales de Henry Somm. *Paris,*

Librairie L. Conquet, L. Carteret et Cie, 1901, in-16, pap. vél., fig., br., couv.

Non mis dans le commerce.
Exemplaire offert par l'éditeur à M. Giacomelli.

106. **Bertrand** (L.). Gaspard de la Nuit, fantaisies à la manière de Rembrandt et de Callot. *Paris. René Pincebourde, Bruxelles, C. Muquardt*, 1868, pet. in-8, front. de Rops sur Chine, fig. sur Japon ajoutée, cart. dos toile brune, ébarbé, couv.

Edition donnée par les soins de Poulet-Malassis, imprimée à 402 exemplaires.

107. **Biard** (F.). Deux années au Brésil. Ouvrage illustré de 180 vignettes dessinées par E. Riou, d'après les croquis de M. Biard. *Paris, Hachette et Cie*, 1862, in-8, fig., demi-rel. chag. rouge, plats toile, tr. jasp.

108. **Bibliographie**. 7 vol.

Le Livre, par Henri Bouchot. *S. d.*, in-8, cart. — Connaissances nécessaires à un bibliophile, par Ed. Rouveyre. *Paris*, 1880, 2 vol. pet. in-8, br. — Miscellanées bibliographiques, publiées par Ed. Rouveyre. *Paris*, 1879, 2 vol. in-8, 2e et 3e parties, br. — Aux Bibliophiles. Ultima. Notes et chroniques. *Paris, Jouaust*, 1891, pet. in-8, br. Exemplaire sur papier du Japon. — Guide de l'Amateur de Livres à vignettes du XVIIIe siècle, par Henry Cohen. *Paris*, 1870, in-8, dos et coins chag. rouge.

109. **Bibliothèque des Dames**. *Paris, Librairie des Bibliophiles*, 1881-1884, 9 vol. in-12, fr. gr., br., couv.

Demoustiers. Lettres à Emilie sur la mythologie, 3 vol. — Legouvé. Le Mérite des Femmes, 1 vol. — La Vie de Marianne, par Marivaux, 3 vol. — Mémoires de Madame Roland, 2 vol.

110. **Blanc** (Charles). L'Œuvre complet de Rembrandt, décrit et commenté. *Paris, Gide*, 1859-1861, 2 vol. in-8, fig., cart. Bradel dos et coins mar. grenat, têtes dor. (*Dupré*).

111. **Blanchard** (Emile). Métamorphoses, mœurs et instincts des insectes. Ouvrage illustré de 200 figures intercalées dans le texte et de 40 planches tirées à part. *Paris, Germer Baillière*, 1868, gr. in-8, fig., cart. dos et coins toile brune, non rog., couv. illust,

112. **Boccace** (Jean). Les Dix Journées. Traduction de Le Maçon, réimprimée par les soins de D. Jouaust, avec notice, notes et glossaire, par M. Paul Lacroix. Onze eaux-fortes par Flameng.

Paris, Librairie des Bibliophiles, 1873, 4 tomes en 10 fascicules in-8, fig., br., couv.

Exemplaire imprimé sur **papier Whatman**, contenant les eaux-fortes avant la lettre.

113. **Bohr** (Patrik). Les Rhapsodies folles. *S. l.* (*Versailles, Imp. Cerf et fils*), 1881, in-8 de 68 pages, br., couv.

Imprimé à **100** exemplaires sur **papier de Hollande**.
Les 20 premières pages de cet exemplaire sont enrichies de **19 aquarelles originales** et de **9** croquis au crayon.

114. **Bossuet**. Discours sur l'Histoire universelle, précédé d'une notice littéraire par Tissot. *Paris, L. Curmer, s. d.* (1839), 2 vol. gr. in-8, fig., demi-rel. veau vert, têtes dor., ébarbés.

Ouvrage orné d'un frontispice en chromolithographie, de planches hors texte gravées sur acier, d'après Meissonier, Peyre, Féart, Cousin, Olivier, etc., le texte est encadré de dessins différents.

115. **Bouchot** (Henri). Ouvrages de bibliographie. *Paris, Edouard Rouveyre*, 1891, 5 vol. in-12, fig., br., couv.

Les Livres à vignettes du XVe au XVIIIe siècle. — Les Livres à vignettes du XIXe siècle. — Des Livres modernes qu'il convient d'acquérir. — De la Reliure, exemples à imiter ou à rejeter. — Les Ex-libris et les marques de possession du Livre.
Exemplaires imprimés sur **papier de Hollande**.

116. **Bouilhet** (Louis). Melaenis, conte romain. *Paris, Michel Lévy frères*, 1857, in-12, cart. dos de perc. olive, non rog., couv.

Edition originale, rare.

117. **BOURASSÉ** (L'abbé J.-J.). La Touraine, histoire et monuments. Illustrations par Karl Girardet et Français. *Tours, Ad. Mame et Cie*, 1856, in-fol., fig. dans le texte et planches hors texte, mar. brun, fil. à froid, doublé de mar. brun avec large compart. de mar. violet, orné d'une composition de fil. enlacés avec branches de feuillages, gardes en soie moirée violette, tr. dor. (*Mame*).

Bel exemplaire du premier tirage.
Envoi de l'éditeur à M. Giacomelli.

118. **Bourcard** (Gustave). Dessins, gouaches, estampes et tableaux du dix-huitième siècle. Guide de l'amateur. *Paris, D. Morgand*, 1893, in-8, pap. vergé à la cuve, br.

Envoi et lettre autographes de l'auteur à M. Giacomelli.

119. **Bourcard** (Gustave). Félix Buhot, avec un portrait de l'artiste par François Courboin. Catalogue descriptif de son œuvre, gravé avec une préface d'Arsène Alexandre. *Paris, H. Floury*, 1899, in-8, pap. de Hollande, portr., br.

A Hector Giacomelli, à l'immortel peintre des oiseaux, à l'artiste vibrant et raffiné..... Bourcard.

On y joint 3 lettres autographes de Félix Buhot et 2 lettres autographes de Gustave Bourcard.

120. **Bourcard** (Gustave). A Travers cinq siècles de gravures. 1350-1903. Les Estampes célèbres rares ou curieuses. *Paris, Georges Rapilly*, 1903, fort vol. gr. in-8, pap. de Hollande, br.

Envoi et lettres autographes de l'auteur à M. Giacomelli.

121. **Bourget** (Paul). Cosmopolis, roman illustré d'aquarelles par Duez, Jeanniot et Myrbach. *Paris, Alph. Lemerre*, 1893, in-8, fig., br., couv.

Edition originale.

122. **Bourget** (Paul). L'Irréparable. — Deuxième Amour. — Profils perdus. — Cruelle Enigme. — Un Crime d'Amour. *Paris, Alph. Lemerre*, 1888-1896, 3 vol. in-12, br., couv.

Exemplaires imprimés sur **papier du Japon**.

123. **Bourget** (Paul). Mensonges. — La Terre promise. *Paris, Alph. Lemerre*, 1887-1892, 2 vol. in-12, br., couv.

Editions originales.
Chaque volume porte un envoi de P. Bourget à M. Giacomelli.

124. **Bourget** (Paul). Outre-Mer (Notes sur l'Amérique). *Paris, Alph. Lemerre*, 1895, 2 vol. in-12, br., couv.

Edition originale.
Exemplaire imprimé sur **papier vélin fort**.

125. **BOURGET** (Paul). Pastels. Dix portraits de femmes. Nouvelle édition, revue et corrigée par l'auteur, illustrations de Robaudi et Giraldon. *Paris, Librairie L. Conquet*, 1895, in-8, fig., cart. Bradel dos et coins de mar. bleu, dos orné, fil., couv. (*Carayon*).

Tirage unique à 200 exemplaires sur **Japon impérial**, illustrés de 11 aquarelles de Robaudi, imprimées en couleurs à la poupée et retouchées par l'artiste, et 35 aquarelles de Giraldon, reproduites en couleurs par Ducourtioux et Huillard.
Exemplaire offert par l'éditeur à M. Giacomelli.

126. **Bourget** (Paul). Physiologie de l'Amour moderne. *Paris, Alphonse Lemerre*, 1891, in-12, cart. Bradel, dos et coins de mar. olive, fil., tête dor., ébarbé, couv. (*Dupré*).

Edition originale.
Exemplaire sur **papier du Japon** tiré spécialement pour M. Giacomelli.

127. **Bourget** (Paul). Œuvres. *Paris, Alphonse Lemerre*, 1883-1897, 12 vol. in-12, br.

Editions originales, avec les couvertures.
Essais et nouveaux essais de Psychologie contemporaine. — L'Irréparable. — Cruelle énigme. — Un Crime d'amour. — André Cornélis. — Pastels (Dix portraits de femmes). — Etudes et portraits. — Un Cœur de femme. — Cosmopolis. — Voyageuses.

128. **Bourget** (Paul). Poésies, 1872-1882. *Paris, Alphonse Lemerre*, 1885-86, 2 vol. in-12, portr., demi-rel. dos de mar. gris, tête dor., ébarbés (*Dupré*).

Exemplaire imprimé sur **papier du Japon** avec le portrait en double épreuve.
Le premier volume porte sur le faux-titre un envoi et une pièce de vers de M. P. Bourget adressés à M. Giacomelli.

129. **Bracquemond**. Etude sur la gravure sur bois et la lithographie. *Paris, Imprimé pour Henri Béraldi*, 1897, in-8, br., couv.

Tiré à 138 exemplaires sur papier de Hollande (nº 104).

130. **Brantôme**. Les sept discours touchant les Dames galantes du sieur de Brantôme, publiés sur les manuscrits de la Bibliothèque Nationale, par Henri Bouchot. Dessins d'Edouard de Beaumont, gravés par E. Boilvin. *Paris, Librairie des Bibliophiles*, 1882, 3 vol. pet. in-8, fig., demi-rel. dos et coins de mar. grenat, fil., têtes dor., couv. (*Dupré*).

Exemplaires imprimés sur **papier Whatman**, contenant la suite des figures en double épreuve, avec et avant la lettre, la première figure au tome Ier, est en triple état.
Envoi de l'éditeur à M. Giacomelli.

131. **Breton** (Jules). Jeanne, poëme. *Paris, G. Charpentier*, 1880, in-12, cart. dos et coins de perc. bleue, non rog., couv. (*Champs*).

Edition originale.
Un des **12** exemplaires imprimés sur **papier de Chine**.
Envoi d'auteur à M. Giacomelli.

132. **Brillat-Savarin.** Physiologie du Goût avec une préface par M. Ch. Monselet. Eaux-fortes par Ad. Lalauze. *Paris, Librairie des Bibliophiles*, 1879, 2 vol. in-8, fig., demi-rel. dos et coins de mar. orange, fil., têtes dor., non rog. (*Dupré*).

Exemplaire imprimé sur **papier Whatman**, contenant le portrait en double épreuve avec et avant la lettre.
Envoi de l'éditeur à M. Giacomelli.

133. **Brivois** (Jules). Bibliographie des ouvrages illustrés du XIXe siècle, principalement des livres à gravures sur bois. *Paris, Librairie L. Conquet*, 1883, gr. in-8, cart. Bradel, dos et coins de mar. grenat, tête dor., non rog.

Envoi autographe de l'auteur à M. H. Giacomelli.
On y joint 3 lettres autographes de M. Brivois, relatives à Raffet.

134. **Bry** (Auguste). Raffet, sa vie et ses œuvres. *Paris, J. Baur*, 1874, in-8, portr. et fac-similes, br.

On y joint : Raffet et son œuvre, par Armand Dayot. 100 compositions lithographiques. *Paris, Motteroz, s. d.*, in-4, br. — Galerie Georges Petit. Exposition de l'œuvre de Raffet, 1892, br. in-8.

135. **Bry** (Auguste). Raffet, sa vie et ses œuvres. *Paris, E. Dentu*, 1861, in-8, portr., fig. et fac-similes, demi-rel. dos et coins de mar. rouge, tête dor. non rog. (*Andrieux*).

Exemplaire imprimé sur **papier vélin fort**.
Envoi d'auteur à M. Giacomelli.

136. **Burty** (Philippe). Chefs-d'œuvre des Arts industriels, Céramique, Verrerie et Vitraux, Emaux, Métaux, Orfèvrerie et Bijouterie, Tapisserie. Deux cents gravures sur bois. *Paris, Paul Ducrocq, s. d.* (1866), gr. in-8, fig., demi-rel. dos et coins de mar. vert, dos orné, fil., tête dor., ébarbé (*Andrieux*).

137. **Burty** (Philippe). Les Emaux cloisonnés anciens et modernes. *Se trouve chez Martz, joaillier. Paris* (*Impr. J. Claye*), *s. d.*, 1868, in-12, fig., cart. Bradel, dos et coins de mar. noir, non rog. (*Dupré*).

Ouvrage orné de 4 planches en chromolithographie exécutées par Régamey père.
Envoi d'auteur.

138. **Burty** (Philippe). F.-D. Froment Meurice, argentier de la

Ville, 1802-1855. *Paris. D. Jouaust.* 1883, in-4, planches grav., br., couv.

Exemplaire imprimé sur **papier de Hollande.**
A mon vieux Giaco, à Giacomelli qui fait des bijoux d'oiseaux :
Ph. Burty.
On y joint 4 dessins originaux de J. Flagmann.

139. **Burty** (Philippe). Maîtres et petits maîtres (Eug. Delacroix. — Méryon. — Victor Hugo. — Jules de Goncourt. — J.-F. Millet. — Dauzats, etc.). *Paris. Charpentier.* 1877, in-12, cart. Bradel, dos et coins de mart. vert, dos orné, fil., tête dor., ébarbé, couv. (*Champs*).

Edition originale.
Exemplaire imprimé sur **papier de Hollande**.
Envoi d'auteur à M. Giacomelli.
On y joint : Rapport fait au nom de la sous-commission d'architecture par M. Charles Garnier chargé d'étudier les mesures à prendre pour la conservation des peintures d'Eugène Delacroix, situées dans la Bibliothèque de la Chambre des Députés.
Un des 20 exemplaires, tirés sur papier fort par les soins de la Questure.

140. **Burty** (Philippe). La Naissance des Diamants et des Perles, pet. in-8 en feuilles.

Manuscrit original composé pour M. Giacomelli, signé et daté de septembre 1880, contenant 16 feuillets.
Au-dessus du titre la dédicace suivante :
Ecrit de ma moins mauvaise patte pour mon ami Hector Giacomelli.
P. B.

141. **Burty** (Philippe). Pas de Lendemain. *A Paris, chez l'auteur* (*Impr. J. Claye*), 1869, pet. in-8 carré de 34 pages, frontispice, cart. Bradel, dos et coins de veau rouge, non rog., couv. (*Dupré*).

Tiré à très petit nombre pour les amis de l'auteur.
Un des **8** exemplaires sur **papier de Chine** contenant le frontispice en double épreuve.
Envoi à M. Giacomelli.

142. **Busnach** (William). Trois pièces tirées des romans : L'Assommoir ; Nana ; Pot-Bouille, et précédées chacune d'une préface de Emile Zola. *Paris. G. Charpentier*, 1884, in-12, br., couv.

Edition originale.
Exemplaire imprimé sur **papier de Hollande**.

143. **Cabinet de l'Amateur** (Le) et de l'Antiquaire. Revue des tableaux et des estampes anciennes ; des objets d'art, d'antiquité

et de curiosité, par E. Piot, Lenormant, Mérimée, A. Lenoir, Ch. Blanc, Th. Gautier, etc. *Paris, Au Bureau du Journal*, 1842-1846, 4 vol. in-8, fig., cart. dos et coins de toile rouge, ébarbés, couv.

La gravure du **Fumeur** de **Meissonier**, se trouve en tête du tome premier.

144. **Cain**. Etude sur Edouard Detaille, sur Hector Giacomelli et sur Rosa Bonheur.— **Huysmans**. Etude sur J.-L. Forain. *S. l. n. d.*, 4 fascicules réunis en 1 vol. in-4, avec vignettes et planches en couleurs, demi-rel. dos et coins de mar. rouge, tête dor. (*Dupré*).

Etudes extraites de la *Revue illustrée*, auxquelles on a ajouté **13 fumés** sur Chine de types militaires pour l'étude sur Detaille imprimée sur papier du Japon : 2 planches hors texte, à l'étude sur Forain ; **13 fumés** sur Chine de têtes d'animaux pour l'étude sur Rosa Bonheur, et **7 fumés** divers.

Un des fumés de Detaille porte un envoi autographe à M. Giacomelli.

145. **Calendrier parisien**. Douze sonnets d'Ern. d'Hervilly, et treize pointes-sèches de H. Boutet. *Paris, Librairie L. Conquet*, 1886, pet. in-16, fig., cart. en satin.— **1892**. Calendrier parisien, texte par Hugues Le Roux. Treize lithographies par Dillon. *Paris, Librairie L. Conquet*, 1892, pet. in-12, papier vélin, fig. en double épreuve sur Japon et sur Chine, br., couv. Ens. 2 vol.

146. **Caquets de l'Accouchée** (Les) publiés par D. Jouaust, avec une préface de Louis Ulbach. Eaux-fortes par Ad. Lalauze. *Paris, Librairie des Bibliophiles*, **1880**, in-8, fig., cart. Bradel, dos et coins de mar. violet, compart. de fil. croisés, tête dor., non rog., couv. (*Dupré*).

Exemplaire sur **papier Whatman**.

147. **Castille** (Hippolyte). Histoire de la seconde République française. *Paris, Victor Lecou*, 1854-1856, 4 vol. in-8, cart. dos et coins de perc. toile, non rog., couv.

148. **Catalogue des Tableaux anciens et modernes**, Aquarelles, dessins et pastels, formant la Collection de **M. Alexandre Dumas**. *Paris, Bernheim*, **1892**, in-4, planches en photo-aquatinte, br., couv.

Exemplaire imprimé sur grand papier vélin.

149. **Catalogue des Tableaux**, études peintes, aquarelles, dessins, gravures, etc., composant l'atelier **Charles Jacques**. *Paris, Georges Petit*, 1894, in-4, planches grav. à l'eau-forte, br., couv.

Exemplaire imprimé sur grand papier vélin.

150. **Catalogue des Tableaux,** études peintes, aquarelles et dessins composant l'atelier **Meissonier**. *Paris, Georges Petit*, 1893, in-4, pap. vélin teinté, planches grav. à l'eau-forte, br.

151. **Catalogue** de la Collection de M. John W. **Wilson**, exposée dans la galerie du Cercle artistique et littéraire de Bruxelles. *Paris, Imprimerie de Jules Claye*, 1873, in-4, planches grav. à l'eau-forte, br., couv.

Troisième édition, revue avec soin et augmentée.

152. **Catalogue** de tableaux et dessins de l'École française, principalement du XVIIIe siècle, tirés de collections d'amateurs, rédigé par M. Ph. Burty. *Paris, Imprimerie de Jules Claye*, 1860, in-8, demi-rel. dos et coins de chag. rouge, tête dor.

A Monsieur Giacomelli, en témoignage d'affectueux et sincère dévouement.
Ph. Burty.

153. **Catalogues** de ventes de tableaux, dessins, objets d'art, etc. 48 vol. gr. in-8, ornés d'eaux-fortes, rel. et br.

Collections de La Combe. — Parguez. — Maherault. — Neuville. — Champfleury. — Fortuny. — San Donato. — Baron d'Ivry. — Laurent Richard. — Lord Dunmore. — Jules Burat. — Diaz. — Hartmann. — Heilbuth. — Papin. — Mame. — Burty. — Jacquemart. — Faure. — Michel de Tretaigne. — Paturle. — H. de Heus de Nijenrode. — Besborodko. — Destailleurs. — Laperlier, etc., etc.

154. **Cazotte**. Le Diable amoureux. Roman fantastique. Illustré de 200 dessins par Edouard de Beaumont. *Paris, Léon Ganivet*. 1845, in-8, fig., cart. toile, fers spéciaux sur le dos et les plats, tr. dor.

Cette édition qui est devenue rare, a été publiée par Gérard de Nerval, qui l'a fait précéder d'une notice sur Cazotte.

155. **Cazotte**. Le Diable amoureux, avec la préface de Gérard de Nerval. Sept eaux-fortes par Ad. Lalauze. *Paris, Librairie des Bibliophiles*, 1883, in-8, fig., br., couv.

Exemplaire imprimé sur **papier Whatman**, contenant les eaux-fortes en double épreuve, avec et avant la lettre.

156. **Cent Nouvelles nouvelles** (Les Dix Dizaine des), réimprimées par les soins de D. Jouaust, avec notice, notes et glossaire par Paul Lacroix. Dessins gravés de Jules Garnier. *Paris, Librairie des Bibliophiles*, 1874, 4 tomes en 10 fascicules in-8, fig., br., couv.

Exemplaire imprimé sur **grand papier de Hollande**.
Envoi de l'éditeur à M. Giacomelli.

157. **Cérésole** (Alfred). Légende des Alpes Vaudoises. Illustrations de Eugène Burnand. *Lausanne, Arthur Imer*, 1885, in-4, pap. vélin teinté, fig., br., couv.

158. **Cervantès**. L'Ingénieux Don Quichotte de la Manche, traduit et annoté par Louis Viardot, vignettes de Tony Johannot. *Paris, J.-J. Dubochet*, 1836-1837, 2 vol. gr. in-8, fig., demi-rel. chag. grenat, têtes dor., non rog.

Ouvrage illustré d'un frontispice sur Chine à chaque volume et de 800 vignettes intercalées dans le texte.
Premier tirage des illustrations de Tony Johannot.

159. **Cervantès**. L'Ingénieux Don Quichotte de la Manche, traduction de Louis Viardot, avec les dessins de Gustave Doré, gravés par H. Pisan. *Paris, L. Hachette et Cie*, 1863, 2 vol. in-fol., fig., cart. toile rouge, fers spéciaux, ébarbés.

Premier tirage des illustrations de Gustave Doré.

160. **Cervantès**. L'Histoire de Don Quichotte de la Manche. Première traduction française par C. Oudin et F. de Rosset, avec une préface par E. Gebhart, dessins de J. Worms, gravés à l'eau-forte par de Los Rios. *Paris, Librairie des Bibliophiles*, 1884, 6 vol. in-8, fig., br., couv.

Exemplaire imprimé sur **papier Whatman**, contenant les eaux-fortes en double épreuve, avec et avant la lettre.
Envoi de l'éditeur à M. Giacomelli.

161. **Chamisso** (Adelbert de). Pierre Schlémihl ou l'homme qui a perdu son ombre, suivi d'un choix de ses poésies, dessins de Myrbach imprimés dans le texte, préface par Henry Fouquier. *Paris, Librairie des Bibliophiles*, 1887, gr. in-4, fig., cart. dos et coins de perc. verte, non rog., couv. illust.

Exemplaire imprimé sur **papier de Chine**.
Un des feuillets de garde contient une note manuscrite de D. Jouaust, relative à la publication de cet ouvrage.

162. **Champfleury**. Les Bons Contes font les bons amis, dessins par Morin. *Paris, Truchy, s. d.* (1863), gr. in-8, fig., cart. dos et coins toile brune, non rog., couv.

Contient : Polichinelle et la Mort. — Guillaume et Martin. — Le Grand carton vert du petit peintre Bidois. — Polichinelle et le Chat. — La Légende du Daguerréotype.
Premier tirage des illustrations de Edm. Morin.

163. **Champfleury**. Henry Monnier, sa vie, son œuvre, avec un catalogue complet de l'œuvre et 100 gravures fac-simile. *Paris, E. Dentu*, 1879, in-8, fig., cart. Bradel, demi-rel. veau rouge, non rog., couv.

164. **Champfleury**. Histoire des faïences patriotiques sous la Révolution. *Paris, E. Dentu*, 1867, in-8, fig., br., couv.

Edition originale.
Envoi de l'auteur à M. Giacomelli.

165. **Champfleury**. Œuvres. 5 vol. in-8 et in-12, br.

Feu Miette. Fantaisies d'Été. *Paris, Martinon*, 1847. — Souvenirs des Funambules. *Paris, Michel Lévy frères*, 1859. — Les Frères Le Nain. *Paris, Renouard*, 1863. — Histoire de la Caricature antique et moderne. *Paris, Dentu*, 1865, 2 vol.
Editions originales.

166. **Champfleury**. Les Souffrances du professeur Delteil, avec quatre eaux-fortes dessinées et gravées par Cham. *Paris, Poulet-Malassis et de Broise*, 1861, in-12, fig., demi-rel. chag. vert. tête jasp., ébarbé, couv.

167. **Champfleury**. Les Vignettes romantiques. Histoire de la littérature et de l'art, 1825-1840. 150 vignettes par Célestin Nanteuil, Tony Johannot, Devéria, Jeanron, Edouard May, Jean Gigoux..... Suivi d'un catalogue complet des romans, drames, poésies, ornés de vignettes de 1825 à 1840. *Paris, E. Dentu*, 1883, in-4, fig., cart. Bradel, dos et coins toile rouge, non rog., couv.

Les planches hors texte sont tirées sur Japon.
On a ajouté à cet exemplaire **11 fumés** de Tony Johannot, sur Chine volant et un frontispice de Célestin Nanteuil, extrait de l'Artiste de 1837.

168. **Champfleury**. Le Violon de faïence. *Paris, Collection Hetzel, s. d.* (1862), in-8, cart. dos et coins de perc. bleue, non rog. (*Paul Vie*).

Edition originale.
Exemplaire dont tous les feuillets sont remargés, avec corrections et annotations du texte en vue d'une nouvelle édition.

Enrichi de **47 croquis originaux** de M. **Giacomelli**, à la plume, au crayon, quelques-uns relevés de lavis.
Le faux-titre porte l'envoi suivant :
A mon cher Giacomelli. CHAMPFLEURY.

169. **Champfleury**. Le Violon de faïence, dessins en couleurs par M. Emile Renard. Eaux-fortes par M. J. Adeline. *Paris. E. Dentu.* 1877, in-8, demi-rel. dos et coins de mar. bleu. tête dor., couv. (*Dupré*).

Ouvrage orné de 2 eaux-fortes d'Adeline et de têtes de chapitres et culs-de-lampe en couleurs.
On a ajouté une eau-forte de Giacomelli, tirée sur Chine.
A mon ami Giacomelli. CHAMPFLEURY.

170. **Champfleury**. Le Violon de faïence. Nouvelle édition, illustrée de 34 eaux-fortes de Jules Adeline. *Paris. Librairie L. Conquet.* 1885. pet. in-8. fig., br., couv. illust.

Tirage unique à 500 exemplaires (planches détruites).
Exemplaire sur papier vélin du Marais.

171. **Champfleury**. La Légende du Violon de faïence, par Jules Adeline. Huit compositions gravées à l'eau-forte par l'auteur. *Paris. Librairie L. Conquet.* 1895. pet. in-8. fig., br., couv.

Exemplaire imprimé sur **papier du Japon**.
Offert par l'éditeur à M. Giacomelli.

172. **Champsaur** (Félicien). Masques modernes. Frontispice par Félicien Rops. *Paris. E. Dentu.* 1889. in-12. front., br., couv. illust.

Edition originale.

173. **Champsaur** (Félicien). Pierrot et sa conscience, dessins de Gorguet. *Paris, Dentu, s. d.*, in-8, pap. vélin, fig. en couleurs, br., couv. illust.

174. **CHANTS ET CHANSONS POPULAIRES DE LA FRANCE**. *Paris. H.-L. Delloye* (*Impr. de F. Locquin*). 1843. 3 vol. gr. in-8. texte et fig. grav., cartonnage des éditeurs. tr. ébarb.

Ouvrage entièrement gravé, illustrations de Trimolet, Steinheil, Daubigny, Meissonier. Du Bouloz, J. Boilly, Emy, E. de Beaumont, Staal, E. Giraud, etc.
Bel exemplaire du premier tirage, avec les cartonnages recouverts des couvertures illustrées de l'édition. On y a joint 3 couvertures de livraisons (la 3e, 31e et 75e), imprimées sur papier jaune.

175. **Chansons populaires** des provinces de France, notices par Champfleury, accompagnement de piano par J. Wekerlin. Illustrations par MM. Bida, Bracquemond, Catenacci, Courbet, Faivre, Flameng, Français, Ch. Jacque, Ed. Morin, Staal, etc. *Paris, Lécrivain et Toubon*, 1860, gr. in-8, fig., fig. et musique notée, cart. dos et coins toile, ébarbé, couv. (*Paul Vié*).

Première édition.

176. **Châteaubriand**. Atala. Avec les dessins de Gustave Doré. *Paris, L. Hachette et Cie*, 1863, in-fol., fig., cart. toile rouge, fers spéciaux, ébarbé.

Premier tirage des illustrations de Gustave Doré.

177. **Châteaubriand**. Atala. Compositions d'Emile Lévy, gravées à l'eau-forte par Boutelié, dessins de Giacomelli, gravés sur bois par Rouget et Sargent. *Paris, Librairie des Bibliophiles*, 1877, in-16, fig., demi-rel. dos et coins de mar. grenat, tête dor., couv. impr. en vert et or (*Dupré*).

Exemplaire imprimé sur **papier de Chine**, contenant un tirage à part des vignettes et un billet autographe de l'éditeur M. Jouaust, à M. Giacomelli.
Merci, pour la bonne part que vous avez prise à l'élaboration de ce bijou.....

178. **Châteaubriand**. Mémoires d'Outre-Tombe. Nouvelle édition, avec une introduction, des notes et appendices, par Edm. Biré. *Paris, Garnier frères, s. d.*, 6 vol. in-12, portr. et fig., cart. dos et coins de perc. brune, ébarbés.

179. **Chefs-d'Œuvre d'Art** (Les) à l'Exposition universelle de 1878. Sous la direction de M. E. Bergerat. *Paris, Ludovic Baschet*, 1878, 2 tomes en 1 vol. in-fol., fig. et planches hors texte sur Chine en photogravure, cart. Bradel dos et coins de mar. rouge, ébarbé (*Carayon*).

Exemplaire imprimé sur **papier de Chine**.

180. **Chénier** (André). Poésies. Nouvelle édition, par L. Becq de Fouquières. *Paris, G. Charpentier*, 1881, in-24, portr., vélin, dos orné, fil., tête dor., ébarbé (*P. Vié*).

Un des **25** exemplaires imprimés sur **papier de Chine**.

181. **Chénier** (André). Poésies, précédées d'une notice par M. H. de Latouche. *Paris, G. Charpentier*, 1847, in-12, portr., demi-rel. dos et coins de mar. bleu, tête dor., non rog., couv. (*Dupré*).

Portrait d'André Chénier, dessiné par H. Dupont, gravé par Cyprien Jacquemin, en double épreuve avec et avant la lettre.

182. **Chennevières** (Henry de). Les Dessins du Louvre. *Paris, L. Baschet, Ch. Gillot, s. d.*, 4 vol. in-4, planches, cart., non rog.

École Française, 2 vol. — École Italienne, 1 vol. — Écoles Flamande, Hollandaise et Allemande, 1 vol.

183. **Cherville** (G. de). Les Chiens et les Chats d'Eugène Lambert, avec une lettre-préface d'Alexandre Dumas et notes biographiques par Paul Leroi. Ouvrage illustré de 6 eaux-fortes et 145 dessins par Eugène Lambert. *Paris, à la Librairie de l'Art*, 1888, in-4, fig., cart. Bradel dos et coins de mar. bleu, tête dor. (*Dupré*).

Exemplaire imprimé sur **papier du Japon**, contenant les 6 eaux-fortes en double épreuve avec la lettre, sur papier vergé et avant la lettre sur Japon.

184. **CHEVIGNÉ** (Comte de). Les **Contes Rémois**, par M. le Cte de C... Dessins de E. Meissonier. Troisième édition. *Paris, Michel Lévy frères*, 1858, in-8, portr. et fig., mar. rouge jans., dent. int., tr. dor. (*Andrieux*).

Première édition, contenant les illustrations de Meissonier.
Un des **40** exemplaires imprimés sur **papier de Hollande**, contenant les vignettes tirées sur **papier de Chine**.
Très rare.

185. **Chevigné** (Comte de). Les Contes Rémois, précédés de la Muse champenoise, par Louis Lacour, dessins de Jules Worms, gravés à l'eau-forte par Paul Rajon. *Paris, Librairie des Bibliophiles*, 1872, in-8, fig., br., couv.

Exemplaire imprimé sur **papier Whatman**, contenant les eaux-fortes en double épreuve, avec et avant la lettre.

186. **Cladel** (Léon). Mes Paysans. La Fête votive de Saint-Bartholomée Porte-Glaive. *Paris, Alph. Lemerre*, 1872, in-12, cart. dos et coins de perc. grise, non rog., couv. (*Paul Vié*).

Édition originale dans ce format.

187. **Claretie** (Jules). La Canne de M. Michelet, promenades et souvenirs, préface par Alfr. Mézières. Douze compositions de P. Jazet, gravées à l'eau-forte par H. Toussaint. *Paris. Librairie L. Conquet*, 1886, in-8, portr. et fig., br., couv.

Exemplaire imprimé sur **papier du Japon**, offert par l'éditeur à M. Giacomelli et contenant une double suite des figures, sur Japon avant la lettre.

188. **Claretie** (Jules). Le Drapeau. Edition illustrée de gravures hors texte, par A. de Neuville, de gravures sur bois, d'après les dessins de Ed. Morin. *Paris, G. Decaux et Maurice Dreyfous*, 1879, in-4, texte encadré d'un double filet bleu et rouge, fig., cart. dos et coins toile bleue, non rog., couv. (*Paul Vié*).

189. **CLARETIE** (Jules). Un Livre unique. L'Affaire Clémenceau peinte et illustrée. *Paris, Gazette des Beaux-Arts*, 1880, gr. in-4 de 24 pages, fig., demi-rel. dos et coins de mar. rouge, tête dor., non rog., couv.

Un des **15** exemplaires imprimés sur **papier de Chine**, orné d'un portrait d'Alexandre Dumas fils, gravé par Mongin, d'après Meissonier et 2 planches hors texte ; dessins dans le texte par E. de Beaumont, G. Boulanger, Meissonier, Hédouin, etc.

Exemplaire auquel est ajouté une suite, tirée à 15 exemplaires, de 10 planches dessinées et gravées à l'eau-forte par A. Besnard, épreuves avant la lettre.

En tête, une **aquarelle originale** de **Giacomelli** et sur un feuillet de garde, un envoi autographe d'Alexandre Dumas fils à M. Giacomelli.

190. **Claretie** (Jules). Peintres et Sculpteurs contemporains, portraits gravés par L. Massard. *Paris, Librairie des Bibliophiles*, 1882, in-8, cart., ornem. en reliefs dor., ébarbé.

Première Série. Artistes décédés de 1870 à 1880.

On y joint du même ouvrage, la deuxième série. Artistes vivants en janvier 1881. *Paris, Librairie des Bibliophiles*, 1884, in-8, cart. dos et coins toile bleue.

191. **Coignet**. Les Cahiers du Capitaine (1776-1850), publiés d'après le manuscrit original, par Lorédan Larchey, illustrés par J. Leblant. *Paris, Hachette et Cie*, 1888, in-4, fig., cart. Bradel, dos et coins de mar. rouge, dos orné avec fleuron aigle impérial, fil., non rog., couv.

Un des **15** exemplaires sur **papier de Chine**, orné de dix-huit grands dessins, reproduits en héliogravure par les procédés Dujardin et 66 dessins intercalés dans le texte, reproduits par les procédés de Guillaume frères, on a ajouté à la fin du volume, le prospectus spécimen de l'ouvrage.

192. **Coleridge** (Samuel). The Rime of the ancient mariner (La Chanson du vieux Marin). Illustrated by Gustave Doré. *London. Hamilton, Adams et Cie*, 1876, in-fol., fig., cart. toile rouge, fers spéciaux sur les plats, non rog.

Premier tirage des 39 compositions de Gustave Doré.
Envoi de Gustave Doré à M. Giacomelli.

193. **Collection Angelo Mariani**. Albums illustrés. *Paris, Librairie illustrée, H. Floury*, 1894-1897, 6 vol. in-4, fig., br., couv.

Explication par Jules Claretie, illustrée par A. Robida. — La Plante enchantée, par Arm. Silvestre, illustrée par A. Robida. — Sempervirens, par L. de Beaumont, compositions par F. Lunel. — Les Secrets des Bestes, par Frédéric Mistral, compositions de A. Robida. — Le Secret de Polichinelle, par Paul Arène, enluminé par A. Robida. — Maurice Montégut. Trois filles et trois garçons, dessins de Louis Morin.

194. **Collection Georges Hurtrel**. *Paris*, 1882-1886, 5 vol. in-16, fig., br., couv., renfermés dans des cartons, toile rouge, avec fers spéciaux.

Les Amours de Catherine de Bourbon et du Comte de Soissons. — Les Aventures romanesques d'un comte d'Artois. — La Grande Diablerie, poëme du XVe siècle, par Eloy d'Amerval. — Le Premier grenadier de France. La Tour d'Auvergne, par Paul Déroulède. — Madame Roland (souvenirs de la Révolution).
Collection complète, illustrée par Lalauze, Adrien Marie, Avril, Poirson, etc.

195. **Collection Guillaume**. *Paris. E. Dentu*, 1892-1894, 7 vol. in-32, br., couv. illust.

Voltaire. Candide. — B. de Saint Pierre. Paul et Virginie. — Ch. Nodier. Inès de Las Sierras. — Jules Claretie. La Frontière. — Paul Marguerite. L'Avril. — Shakespeare. Le Songe d'une nuit d'Été. — Luigi da Porto. Juliette et Roméo.

196. **Collection Guillaume** (Papyrus et Nymphée). *Paris. Librairie L. Borel*, 1895-1899, 6 vol. in-16 allongés, fig., br., couv. illust.

Egyptiens et Sémites. — Rosny. Les Origines. — Homère. L'Iliade et l'Odyssée. — L'Espionne impériale.

197. **Collection Lemerre illustrée**. *Paris. Alphonse Lemerre*, 1893-1896, 14 vol. in-32, illustrés de gravures sur bois, couv. illust.

Paul Bourget. Un Saint; Steeple Chasse; Un Scrupule. — François Coppée. Henriette; Contes tout simples; Rivales. — Alph. Daudet. Les

Femmes d'artistes. — De Hérédia. La Nonne Alferez. — Longus. Daphnis et Chloé. — Alfr. de Musset. Frédéric et Bernerette ; Le Fils du Titien. — Marcel Prévost. Le Moulin de Nazareth. — Stendhal. L'Abbesse de Castro. — And. Theuriet. L'Abbé Daniel.
Exemplaires imprimés sur **papier du Japon**.

198. **Collection Lemerre illustrée**. *Paris*, 1893-1897, 3 vol. in-32, fig., br., couv.

Fr. Coppée. Rivales, illustrations de Moisand, gravées par Buffe ; Contes tout simples, illustrations de G. Neymark, gravées par F. Horrie. — André Theuriet. Deuil de Veuve, illustrations de J. Meunier, gravées par F. Horrie.
Ces volumes portent un envoi d'auteur à M. Giacomelli.

199. **Commanville** (Caroline). Souvenirs sur Gustave Flaubert, texte et illustrations par Caroline Commanville. *Paris, A. Ferroud*, 1895, in-8, portr., texte encadré, cart. Bradel dos et coins de mar. rouge, dos orné, tête dor., non rog., couv. impr. en or (*Dupré*).

Exemplaire imprimé sur papier vélin.
A Monsieur H. Giacomelli. Souvenir d'une heure exquise passée à admirer les collections du joli atelier de Sainte-Anne L'Oradou.
Caroline Commanville. *15 Août 96.*

200. **Constant** (Benjamin). Adolphe, portrait gravé par Courboin, d'après Desmarais, préface par Paul Bourget. *Paris, Librairie L. Conquet*, 1889, in-16, br., couv.

Exemplaire imprimé sur papier vélin, non mis dans le commerce.
Offert par l'éditeur à M. Giacomelli.

201. **Coppée** (François). La Bataille d'Hernani, poésie dite par Mlle Sarah Bernhardt à la Comédie Française, le 25 février 1880 à l'occasion du 50e anniversaire de la 1re représentation d'Hernani. *Paris, Alph. Lemerre*, 1880, br. in-4 de 8 pages, papier de Hollande, couv.

A mon cher et charmant Giacomelli de tout cœur.
François Coppée.

202. **Coppée** (François). Bleuette, conte en vers, illustrations de Henri Pille gravées par A. Prunaire. *Paris, Alph. Lemerre* 1880, in-4, cart., fers spéciaux, tr. dor.

Edition originale, titre imprimé en bleu, texte encadré de dessins, une partie tirée en couleurs, l'autre en bistre.
On y joint : F. Coppée. Henriette. *Paris, Lemerre*, 1889. — Les Paroles sincères. Vœux sincères. *Paris, Lemerre*, 1891, 2 vol. in-12, cart. dos et coins de perc., non rog., couv. (*Envois d'auteur*).

203. **Coppée** (François). Contes en prose. *Paris, Alph. Lemerre*, 1882-1903, 6 vol. in-12, br., couv.

Contes en prose, 1882. — Vingt contes nouveaux, 1883. — Contes rapides, 1889. — Longues et brèves nouvelles, 1893. — La Bonne Souffrance, 1898. — Contes pour les jours de fêtes, 1903.
Éditions originales.
Exemplaires portant tous un envoi de Fr. Coppée à M. Giacomelli.

204. **Coppée** (François). Les Mois, compositions de H. Giacomelli. *Paris, Librairie du Moniteur Universel, s. d.* (1877), gr. in-fol., demi-rel. dos et coins de mar. rouge, plats toile, tr. dor.

Ouvrage contenant un frontispice et 12 planches accompagnés d'un texte, tirés en grisaille, bleu et or; exécuté sous la direction de M. P. Dalloz dans les ateliers photochromiques du Moniteur Universel.
Exemplaire monté sur onglets, sur bristol anglais, texte et planches encadrés d'un filet or.

205. **Coppée** (François). Mon Franc parler. *Paris, Alph. Lemerre*, 1894-1896, 4 vol. in-12, br., couv.

Édition originale.
Envoi de M. François Coppée à M. Giacomelli.

206. **Coppée** (François). Le Passant, Comédie en un acte, en vers, représentée pour la première fois au Théâtre national de l'Odéon le 14 janvier 1869, reprise à la Comédie Française, le 29 novembre 1888. *Paris, Alph. Lemerre*, 1889, in-4 de 30 pages, demi-rel. dos et coins de mar. bleu, tête dor., ébarbé, couv. (*Dupré*).

Exemplaire imprimé sur **papier Whatman**, contenant sur un feuillet de garde l'envoi suivant :
A mon cher et bon ami Giacomelli de tout mon cœur. François Coppée,
suivi de 2 stances de six vers de la main du poète.
Sur les plats intérieurs, 2 photographies de Sarah Bernhardt avec dédicace signée à M. Giacomelli :
Un oiseau qui passe au barde des oiseaux, 1870.

207. **Coppée** (François). Le Passant, Comédie en un acte en vers. *Paris, Arm. Magnier*, 1897, in-8, vélin., dos orné, fil., tête dor., non rog. (*Paul Vié*).

Reproduction en fac-simile du manuscrit de l'auteur et d'une page de musique de J.-M. Massenet, compositions de Louis-Edouard Fournier, eaux-fortes de L. Boisson.
De la Collection des Dix.
Exemplaire imprimé sur papier vélin de Cuve.
A mon cher Giacometti. François Coppée.

208. **Coppée** (François). Poëmes et Récits. Edition illustrée de quarante-cinq dessins de Myrbach, grav. par Florian. *Paris, Alph. Lemerre, s. d.* (1886), gr. in-8, fig., vélin blanc à recouvr., dos orné, fil., tête dor., couv. illust. (*Paul Vié*).

Exemplaires sur **papier du Japon** contenant un frontispice (Coppée à sa fenêtre) et 6 gravures hors texte en double épreuve sur Japon et sur Chine.

On a ajouté à cet exemplaire un portrait de François Coppée gravé sur bois d'après Myrbach et la carte du menu du banquet offert à M. Coppée par ses amis à l'occasion de son élection à l'Académie française.

209. **Coppée** (François). Poésies, 1864-1869, 1 vol. — Poésies, 1869-1874, 1 vol. — Poésies, 1878-1886, 1 vol. — Théâtre, 1879-1885, 2 vol. *Paris, Alph. Lemerre*, 1870-1887, 6 vol. pet. in-12, brochés.

210. **Coppée** (François). Poésies, 1864-1878. *Paris, Alph. Lemerre*, 1883-1885, 2 vol. in-4, fig., demi-rel. dos et coins de mar. vert, fil., tête dor., ébarbés, couv. (*Dupré*).

Exemplaire imprimé sur **papier Whatman** contenant :

1° Les eaux-fortes de Boilvin en **quadruple épreuve** : Épreuves de premier état, eaux-fortes pures non terminées et les *avant la lettre*, tirées sur papier du Japon, de Chine et Whatman.

2° Les eaux-fortes de Rossi, en double épreuve, *avant la lettre*, tirées sur papier du Japon et Whatman.

Le premier volume porte l'envoi suivant :

A mon cher Giacomelli, Cette suite d'eaux-fortes, premier état est offerte par un profane indigne de les posséder. François Coppée. *Juin*, 1883.

211. **Coppée** (François). Poésies dramatiques. *Paris, Alph. Lemerre*. 3 ouvr. en 4 vol. in-12, cart. dos et coins de perc.

Contes en vers et poésies diverses, 1880. *Edition originale*. Envoi d'auteur à M. Giacomelli. — Même ouvrage, 1881. Exemplaire sur **papier de Hollande**. — Le Pater, drame en un acte en vers, 1890. *Edition originale*. Envoi d'auteur à M. Giacomelli. — Mme de Maintenon, drame en cinq actes, en vers, 1881. *Edition originale*. Exemplaire sur **papier de Hollande**. Envoi d'auteur à M. Giacomelli.

212. **Coppée** (François). Pour la Couronne. Drame en cinq actes en vers, représenté pour la première fois sur le Théâtre national de l'Odéon le 19 janvier 1895. *Paris, Alph. Lemerre*, 1895, in-4, demi-rel. dos et coins de mar. rouge, tête dor., ébarbé, couv. (*Dupré*).

Un des **15** exemplaires imprimés sur **papier Whatman,** contenant l'envoi suivant :

A mon ami H. Giacomelli de tout mon cœur. François Coppée.

A l'intérieur du premier plat se trouve une photographie de François Coppée par Nadar, avec la dédicace suivante :

A H. Giacomelli, tendre amitié. François Coppée.

213. **Coppée** (François). Premières Poésies. *Paris, Alph. Lemerre*, 1869, in-12, demi-rel. dos et coins de mar. orange, tête dor., ébarbé.

Edition originale.
Exemplaire imprimé sur **papier de Chine**.
A mon charmant Giacomelli, son ami tendre. François Coppée.

214. **Coppée** (François). Les Récits et les Elégies. (Récits épiques : L'Exilée ; Les Mois ; Jeunes filles). *Paris, Alph. Lemerre*, 1878, in-12, portr. gravé à l'eau-forte, d'après Rajon, demi-rel. dos et coins de mar. orange, tête dor., non rog.

Edition originale.
Exemplaire imprimé sur **papier de Chine**, portant sur le faux-titre l'envoi suivant :
Au charmant Giacomelli, son ami sincère. François Coppée,
avec une pièce de vers de 4 strophes du même.
12 compositions de Giacomelli en photochromie ajoutées pour les Mois.

215. **Coppée** (François). Rivales, illustrations de Moisand, gravées par Ruffe. *Paris, Alph. Lemerre*, 1893, in-16, fig., cart. Bradel, dos de mar. violet, tête dor., non rog., couv. (*Dupré*).

Le faux-titre contient une charmante **aquarelle originale** de M. **Giacomelli** avec l'envoi suivant :
A chère femme.
Le titre porte un envoi autographe de l'auteur à Mme Giacomelli.

216. **Coppée** (François). Romans. *Paris, Alph. Lemerre*, 1890-1897, 4 vol. in-12, cart. dos et coins de perc. verte, ébarbés, couv. (*P. Vié*).

Toute une jeunesse, 1890, contenant un envoi :
A mon bien cher Giacomelli.
Les Vrais Riches, illustrations de Gambard et Marold, 1892, contenant un envoi :
A H. Giacomelli, tendrement.
Le Coupable, 1897, contenant un envoi :
A mon si cher H. Giacomelli jamais oublié.
A Voix haute.
Editions originales.
Exemplaires imprimés sur **papier vélin**.

217. **Coppée** (François). Sévero Torelli. Drame en cinq actes en vers représenté pour la première fois sur le Théâtre national de l'Odéon le 21 novembre 1883. *Paris, Alph. Lemerre*, 1884, in-4.

demi-rel. dos et coins de mar. olive, tête dor., ébarbé, couv. (*Dupré*).

Un des **15** exemplaires imprimés sur **papier Whatman**, avec l'envoi suivant :

A mon cher Giacomelli de vieille et tendre amitié. François Coppée.

On y a ajouté le programme. Menu du banquet offert à M. François Coppée par ses amis, à l'occasion de son élection à l'Académie française.

218. **Coppée** (François). Théâtre. *Paris, Alph. Lemerre*, 1881-1895, 4 vol. in-12, br., couv.

Madame de Maintenon. Drame en cinq actes, 1881, contenant un envoi :
A mon ami le Versaillais Giacomelli, cette histoire du grand règne.
Severo Torelli. Drame. 1883, contenant un envoi :
Au plus aimable des hommes, à mon cher Giacomelli, de cœur et d'espoir.
Les Jacobites. Drame, 1885, contenant un envoi :
A Giacomelli, son tendre ami.
Pour la couronne. Drame en cinq actes, 1895, contenant un envoi :
A Giacomelli, peintre et poète des oiseaux, ami du gros moineau, tendrement. Fr. Coppée.
Éditions originales.

219. **Coppée** (François). Toute une Jeunesse. *Paris, Alph. Lemerre*, 1890, in-12, cart. Bradel, dos et coins de mar. fauve, tête dor., ébarbé (*Dupré*).

Edition originale.
Un des **5** exemplaires imprimés sur **papier du Japon**.
A mon cher et charmant ami Giacomelli de tout mon cœur.
François Coppée.

220. **Corneille** (Pierre). Polyeucte, martyr, tragédie chrétienne en cinq actes. *Tours, Alfred Mame et Fils*, 1889, in-fol., fig., br., couv.

Edition ornée d'un portrait de P. Corneille, dessiné par F. Gaillard, gravé à l'eau-forte par Burney et de cinq compositions hors texte, dessinées par Albert Maignan et gravées à l'eau-forte par Boilvin, Bracquemond, Le Couteux et Waltner.

221. **Corneille** (Pierre). Théâtre, texte de 1682, avec notice et notes par Alph. Pauly. *Paris, Alph. Lemerre, s. d.*, 8 vol. pet. in-12, portr., br., couv.

222. **Courier** (P.-L.). Œuvres complètes. Nouvelle édition, précédée d'un essai sur la vie et les écrits de l'auteur par Armand Carrel. *Paris, Paulin, Perrotin*, 1834, 4 vol. in-8, demi-rel. bas. fauve, tr. marb.

223. **Cousin** (Charles). Voyage dans un grenier. Bouquins, faïences, autographes et bibelots. *Paris, D. Morgand et Ch. Fatout*, 1878,

gr. in-8, planches, demi-rel. dos et coins de mar. bleu, tête dor., non rog., couv.

Ouvrage orné de 21 planches hors texte, eaux-fortes et reproductions en couleur.

224. **Cousin** (Charles). Racontars illustrés d'un vieux Collectionneur. *Paris, A la Librairie de l'Art*, 1887, in-4, fig., demi-rel. dos et coins de mar. bleu foncé, tête dor., ébarbé, couv.

Bouquins, tableaux, dessins, faïences, autographes et bibelots : ouvrage orné de 42 planches hors texte, dont 20 en noir et 22 en couleurs.
Exemplaire imprimé sur **papier du Japon**.

225. **Cros** (Charles). Le Coffret de Santal. *Paris, Tresse*, 1879, in-12, br., couv.

226. **Dante Alighieri**. L'Inferno, colle figure di G. Doré. *Parigi, L. Hachette et Cie*, 1861, in-fol., fig., cart. toile rouge, fers spéciaux, ébarbé.

Edition contenant le texte italien seul, parue la même année que la traduction française de Pier Angelo Fiorentino.
Premier tirage des illustrations de Gustave Doré.

227. **Darzens** (Rodolphe). L'Amante du Christ, scène évangélique, en vers, préface de E. Ledrain. *Paris, Alph. Lemerre*, 1888, in-8 de 48 pages, front. de Rops, br., couv.

Edition originale.
Envoi de l'éditeur à M. Giacomelli.

228. **Daudet** (Alphonse). Les Amoureuses, poëmes et fantaisies. 1857-1861. Nouvelle édition. *Paris, Charpentier*, 1873, in-12, cart. dos et coins toile bleue, non rog., couv. (*P. Vié*).

Exemplaire imprimé sur **papier de Hollande**.
Hommage affectueux à l'excellent artiste Giacomelli. Alph. Daudet.

229. **Daudet** (Alphonse). Contes choisis, avec sept eaux-fortes par E. Burnand. *Paris, Librairie des Bibliophiles*, 1883, gr. in-8, fig., cart. Bradel, demi-rel. dos et coins de mar. vert, non rog., couv.

Exemplaire sur **papier de Chine** de format gr. in-8, contenant les gravures en **triple état**. Eau-forte, avant la lettre et avec lettre, plus une planche refusée : *Un décoré du 15 août* et une pièce ajoutée : *La Chèvre de M. Séguin*.
Envoi de l'éditeur à M. Giacomelli.

230. **Daudet** (Alphonse). Contes choisis, avec sept eaux-fortes par E. Burnand. *Paris, Librairie des Bibliophiles*, 1883, in-8, fig., cart. dos et coins de perc. bleue, ébarbé, couv. (*P. Vié*).

Exemplaire imprimé sur **papier vélin de Hollande**.

231. **Daudet** (Alphonse). Contes du Lundi. Nouvelle édition, revue et considérablement augmentée. *Paris, Charpentier*, 1876, in-12, cart. dos et coins perc. bleue, ébarbé, couv. (*P. Vié*).

Une note de l'éditeur prévient les lecteurs, que dans cette réimpression se trouvent 5 ou 6 nouvelles tirées des *Lettres a un absent*.
Exemplaire imprimé sur **papier de Hollande**.

232. **Daudet** (Alphonse). La Défense de Tarascon. Seize aquarelles d'après Draner. *Paris, Librairie L. Conquet*, 1886, in-18 de 50 pages, fig. en couleurs, demi-rel. dos et coins de mar. rouge, non rog., couv. (*Champs*).

Exemplaire sur **papier du Japon**, non mis dans le commerce.
Offert par l'éditeur à M. Giacomelli.
Rare.

233. **Daudet** (Alphonse). Les Femmes d'Artistes. *Paris, Alph. Lemerre*, 1876, in-12, front. à l'eau-forte de A. Gill, cart. dos et coins perc. bleue, ébarbé, couv.

Envoi de M. Alph. Daudet à M. Giacomelli.

234. **Daudet** (Alphonse). Fromont jeune et Risler aîné. Mœurs parisiennes. *Paris, G. Charpentier*, 1876, in-12, cart. dos et coins perc. bleue, non rog., couv. (*P. Vié*).

Première édition de format in-12.
Exemplaire imprimé sur **papier de Hollande**.

235. **Daudet** (Alphonse). Fromont jeune et Risler aîné, illustrations de Edm. Morin. *Paris, G. Charpentier*, 1880, gr. in-8, fig., cart. dos de perc. olive, non rog., couv.

Première édition illustrée.
Exemplaire imprimé sur **papier de Chine**, contenant 24 épreuves des figures en double état, sur papier de Chine volant, avant toutes lettres.

236. **Daudet** (Alphonse). Fromont jeune et Risler aîné. Mœurs parisiennes. Notice littéraire par Gustave Geffroy, douze compositions de Em. Bayard, gravées à l'eau-forte par J. Massard,

Paris. Librairie L. Conquet, 1885. 2 vol. in-8, fig., cart., non rog., couv. (*Carayon*).

Exemplaire imprimé sur **papier du Japon**, avec **3 états** des figures : eau-forte pure, avant la lettre et avec la lettre. Les planches tirées par Chardon aîné, ont été effacées après le tirage.

237. **Daudet** (Alphonse). Jack. Mœurs contemporaines, 2 vol. — Tartarin de Tarascon ; La Défense de Tarascon, 1 vol. *Paris. Alph. Lemerre*. 1875-1876, 3 vol. pet. in-12. br., couv.

238. **Daudet** (Alphonse). Le Nabab. Mœurs parisiennes. *Paris. G. Charpentier*, 1877, in-12, cart. dos et coins de perc. bleue, non rog., couv. (*P. Vié*).

Edition originale.
Exemplaire imprimé sur **papier de Hollande**.

239. **Daudet** (Alphonse). Numa Roumestan. Mœurs parisiennes. *Paris. G. Charpentier*, 1881, in-12, cart. dos et coins de perc. bleue, ébarbé, couv.

Edition originale.
Exemplaire imprimé sur **papier de Hollande**.
Au Giacomelli des Oiseaux, un admirateur et ami. Alphonse Daudet.

240. **Daudet** (Alphonse). Les Rois en exil, roman parisien. *Paris. Dentu*, 1879, in-12, cart. dos et coins toile bleue, ébarbé, couv. (*P. Vié*).

Edition originale.
Exemplaire imprimé sur **papier de Hollande**.

241. **Daudet** (Alphonse). Le Roman du Chaperon-Rouge. Neuf lithographies originales de Louis Morin. *Paris, Librairie L. Conquet, L. Carteret et Cie*. 1903. gr. in-8, fig. lithogr., br., couv.

Exemplaire imprimé sur papier vélin du Marais, offert par l'éditeur à M. Giacomelli.

242. **Daudet** (Alphonse). Romans. 5 vol. in-12.

Editions originales.
Robert Helmont. *Paris, Dentu*, 1874, demi-rel. chag. rouge. — L'Évangéliste. *Paris, Dentu*, 1883, cart. dos et coins de perc., non rog. — L'Immortel. *Paris, Alph. Lemerre*, 1888, cart. dos et coins perc., non rog. — Tartarin de Tarascon ; La Menteuse, pièce tirée de la nouvelle publiée par Alph. Daudet, illustrations de Myrbach. *Paris, Marpon et Flammarion*, 2 vol., cart. dos et coins perc., non rog.

243. **Daudet** (Alphonse). Sapho. Mœurs parisiennes. *Paris, G. Charpentier*, 1884, in-12, cart. dos et coins de perc. bleue, ébarbé, couv. (*P. Vié*).

Edition originale.
Exemplaire imprimé sur **papier de Hollande**.

244. **Daudet** (Alphonse). Sapho. Compositions de Auguste-François Gorguet, gravures à l'eau-forte de Louis Muller. *Paris, Arm. Magnier*, 1897, gr. in-8, demi-rel. dos et coins de mar. rose, dos orné et mosaïqué, fil., tête dor., non rog., couv. (*Dupré*).

Exemplaire sur **papier du Japon**, contenant une triple suite de toutes les illustrations dans le texte et une quadruple suite des illustrations hors texte, gravées à l'eau-forte.

245. **Daudet** (Alphonse). Tartarin sur les Alpes. Nouveaux exploits de héros tarasconnais, illustré d'aquarelles par Aranda, de Beaumont, Montenord, de Myrbach, Rossi. *Paris, Calmann-Lévy*, 1885, in-8, br., couv.

Edition originale.
On a ajouté à cet exemplaire : Théodore de Banville. Vers composés pour la naissance de Mlle Edmée Daudet, datés du mercredi 21 juillet 1886, imprimé sur papier du Japon et tiré à 50 exemplaires.

246. **Daudet** (Léon-A.). Les Morticoles. — Les Kamtchatka, mœurs contemporaines. *Paris, G. Charpentier et E. Fasquelle*, 1894-1895, 2 vol. in-12, cart., dos et coins de perc. verte, ébarbés, couv.

Editions originales.
Le premier ouvrage porte sur le faux-titre : *A Monsieur Alexandre Dumas fils, hommage d'admiration*. LÉON DAUDET.

247. **Davenport-Adams** (W.-H.). The Bird. World. Describeb with pen and pencil, illustrated and H. Giacomelli. *London, Thomas Melson and Sons*, 1878, in-8, fig., demi-rel., dos et coins de mar. bleu, tête dor., non rog. (*Dupré*).

Dessins de H. Giacomelli, gravés par Sargent, Berveiller, Rouget, Méaulle, Whymper, Jonnart, Dalziel, Merison, etc.

248. **Davillier** (Baron) Fortuny, sa vie, son œuvre, sa correspondance, avec cinq dessins inédits en fac-simile et deux eaux-fortes originales. *Paris, chez Auguste Aubry*, 1875, gr. in-8, portrait et fig., demi-rel. mar. citron, fil., tête dor. couv. (*Dupré*).

Exemplaire imprimé sur **papier de Chine**, contenant 3 portraits de Fortuny, dont 2 en double épreuve, et 14 planches dont 3 sont aussi en double épreuve.

249. **Dayot** (Armand). Napoléon, raconté par l'image d'après les sculpteurs, les graveurs et les peintres. *Paris, Hachette et Cie*, 1895, gr. in-8, fig., br., couv.

250. **Delaborde** (Le Vte Henri). Mélanges sur l'art contemporain. *Paris, Vve Jules Renouard*, 1866, in-8, br.

251. **Delacroix** (Eugène). Lettres, recueillies et publiées par Ph. Burty, nouvelle édition. *Paris, G. Charpentier*, 1880, 2 vol. in-12, cart., dos et coins de perc. bleue, non rog. — Peintures décoratives par Eugène Delacroix. Le Salon du roi au Palais législatif, texte et dessins par Alfr. Robaut. *Paris*, 1880, br., in-12 de 26 pages. — Exposition Eugène Delacroix (préface par P. Mantz). *Paris*, 1885, in-12 br.

252. **DELAPALME**. Le Livre de mes petits enfants. Dessins par H. Giacomelli. *Paris, L. Hachette et Cie*, 1866, gr. in-8, fig., cart. Bradel, dos et coins de mar. grenat, non rog., couv. (*Champs*).

Premier tirage des illustrations de Giacomelli.
Bel exemplaire contenant **tous les Fumés**, sur Chine.
3 pièces inédites, fragments d'épreuves : *Les Anges, Le Petit ramoneur et Pierre*.
Des **dessins originaux**, des encadrements.
4 croquis d'encadrements au crayon et à la plume, et un **Fumé** d'encadrement inédit.

253. **Delmet** (Paul). Chansons de Femmes. Poésies de H. Bernard, Th. Botrel ; M. Bouquy ; L. Forest ; Jacq. Madeleine.... préface d'Armand Silvestre. Lithographies de Steinlen. *Paris, Enoch et Cie, P. Ollendorff*, in-4, fig., lithogr. et musique gravée, br., couv. illust.

Un des **50** exemplaires imprimés sur **papier du Japon**.
Envoi de l'éditeur à M. Giacomelli.

254. **Delmet** (Paul). Chansons de Montmartre, préface de Maurice Boukay. Poésies de H. Bernard, L. Bernard, Th. Botrel, L. Durocher..... *Paris, Enoch, Ern. Flammarion, s. d.*, in-4, fig. lithogr., musique gravée, br., couv. illust.

255. **Delvau** (Alfred). Histoire anecdotique des Barrières de Paris, avec 10 eaux-fortes par Emile Thérond. *Paris, E. Dentu*, 1865, in-12, fig., demi-rel., dos et coins chag. vert, non rog.

Edition originale.

256. **Demesse** (Henri). La Petite Orpheline. *Paris, Jules Rouff*, *s. d.*, 2 vol. gr. in-8, fig., br.

Envoi d'auteur à Madame H. Giacomelli.

257. **Demesse** (Henri). Les Récits du père Lalouette, illustrations par MM. Albert Bertrand, G. Bigot, H. Giacomelli..... *Paris, P. Ollendorff*, 1882, gr. in-8, fig., cart., dos et coins, toile verte, non rog., couv. (*Paul Vié*).

Un des **25** exemplaires imprimés sur **papier de Chine**, contenant sur un feuillet de garde **une pièce de vers autographes** de **M. Henri Demesse** à M. Giacomelli.

258. **Demidoff** (Anatole de). Etapes maritimes sur les côtes d'Espagne, souvenirs d'un voyage exécuté en 1847. *Florence, Impr. de Félix Le Monnier*, 1858, 2 vol. in-8, chag. brun, fil. à froid, tr. rouges.

Ouvrage imprimé à 312 exemplaires, orné d'un portrait du prince Demidoff d'après Raffet.
On a ajouté une lettre autographe de M. de Demidoff adressée à M. Giacomelli.

259. **Demidoff** (Anatole de). Voyage dans la Russie méridionale et la Crimée par la Hongrie, la Valachie et la Moldavie. Edition illustrée de soixante-quatre dessins par Raffet. *Paris, Ern. Bourdin*, 1840, gr. in-8, fig., demi-rel., dos et coins, peau de truie, fil., tête dor., non rog. (*Andrieux*).

Exemplaire du premier tirage, figures sur Chine.

260. **Denon** (Vivant). Point de Lendemain, conte illustré de treize compositions de Paul Avril. *Paris, Librairie P. Rouquette*, 1889, in-8, fig., br., couv.

Exemplaire imprimé sur **papier du Japon**, contenant un tirage à part sur Japon, des illustrations du texte.

261. **Desjardins** (Gustave). Le Petit Trianon. Histoire et Description. *Versailles, L. Bernard*, 1885, gr. in-8, fig., br., couv.

Un des **15** exemplaires sur **papier de Chine**, contenant les gravures hors texte en double épreuve : avec et avant la lettre.
Envoi de l'éditeur à M. Giacomelli.

262. **Desnoyers** (Louis). Les Mésaventures de Jean-Paul-Choppart, illustrées par H. Giacomelli. *Paris, J. Hetzel, s. d.* (1865).

gr. in-8, fig., demi-rel., dos et coins de mar. rouge, fil., non rog., couv.

Premier tirage des illustrations de H. Giacomelli.

263. **Desnoyers** (Louis). Les Mésaventures de Jean-Paul Choppart, illustrées par H. Giacomelli. *Paris, Hetzel, s. d.* (1865), in-8, demi-rel. dos et coins de mar. bleu, tête dor., non rog. (*Dupré*).

Premier tirage des illustrations de Giacomelli.

264. **Detaille** (Edouard). Les Grandes manœuvres de l'Armée russe. Souvenirs du camp de Krasnoé-Selo. *Paris*, 1884, *Boussod, Valadon et Cie*, 1886, in-fol. de 32 pages, fig., cart., dos et coins toile bleue, recouvert de la couv. illust.

Album inédit contenant 30 dessins et 6 planches hors texte.
Un des 25 exemplaires imprimés sur **papier du Japon**.

265. **Diable à Paris** (Le). Paris et les Parisiens. Mœurs et coutumes, caractères et portraits des habitants de Paris, tableau complet de leur vie privée, etc. *Paris, Hetzel*, 1845-1846, 2 vol. gr. in-8, fig., demi-rel., dos et coins de mar. bleu, dos ornés, fil., têtes dor., ébarbés, couv. (*Pagnant*).

Texte par G. Sand, Balzac, Nerval, Gozlan, A. de Musset, Gautier, Karr, Briffault, etc., figures de Gavarni.
Exemplaire du premier tirage.

266. **Documents** pour servir à l'histoire de nos mœurs (publiés par Lorédan Larchey). *Paris, Frédéric Henry*, 1868-1874, 15 vol. in-32, br., couv.

P.-J. Proudhon et l'Ecuyère de l'Hippodrome. — Les Tuileries en février 1848. — Manuscrit de février 1848 — Manuscrit de juin 1848. — Notes d'un Agent (1861-1867). — Compte-rendu d'un habitué de réunions publiques non politiques, février-septembre, 1869. — Carnet de la Comtesse de L***. — Mémoires de Pierre Louette, jardinier de Talma. — Les grands jours du Petit-Lazari. — Autographes sérieux et comiques. — Comptes d'un budget parisien. — Tribulations d'une muse académique, 1865.

267. **DORAT**. Les Baisers, précédés du Mois de Mai, poëme. *La Haye, et se trouve à Paris, chez Lambert et Delalain*, 1770, pet. in-8, fig., mar. bleu, dos orné, large dent. style XVIIIe siècle sur les plats, doublé de mar. bleu clair avec dentelle de feuillage et de roses, tr. dor. (*Chambolle-Duru*).

Bel exemplaire imprimé sur **papier de Hollande**, avec les titres en rouge, orné de vignettes et culs-de-lampe par Eisen et Marillier.
Hauteur 208 mill.

268. **Doré** (Gustave). Histoire pittoresque dramatique et caricaturale de la sainte Russie. *Paris, J. Bry*, 1854, gr. in-8, fig., demi-rel. dos et coins de mar. bleu. tête dor., non rog. (*Dupré*).

Premier tirage des illustrations de Gustave Doré.
On a collé sur chaque plat intérieur de la reliure, la couverture (recto et verso) de l'ouvrage.

269. **Doucet** (Jérôme). La Chanson des Choses, illustrations des principaux artistes de ce temps. *Paris, Henry May, s. d.*, in-4, fig. noires et aquarellés, br., couv. illust.

270. **Droz** (Gustave). Monsieur, Madame et Bébé. *Paris, J. Hetzel*, 1866, in-12, cart. dos et coins perc. brune, non rog., couv.

Edition originale.

271. **DROZ** (Gustave). **Monsieur, Madame** et **Bébé.** Edition illustrée par Edmond Morin et ornée d'un portrait de l'auteur gravé par L. Flameng. *Paris, Victor Havard*, 1878, gr. in-8, fig., mar. bleu foncé, compart. de 7 filets à décor sur les plats, compart. de filets int., doubl. et gardes en satin broché, tr. dor., couv. illust. (*Marius Michel*).

Premier tirage des illustrations d'Edmond Morin.
Très bel exemplaire imprimé sur **papier de Chine**.

272. **Du Camp** (Maxime). Une Histoire d'Amour. Un portrait gravé par A. Motte, huit compositions de P. Blanchard, gravées par Buland. *Paris, L. Conquet*, 1888, in-18, fig., cart. Bradel, dos et coins de mar. bleu, non rog., couv (*Champs*).

Exemplaire offert par l'Editeur à M. Giacomelli.

273. **Duchesne** (Aîné). Description des estampes exposées dans la Galerie de la Bibliothèque impériale formant un aperçu historique des productions de l'art et de la gravure. *Paris, Impr. de Simon Raçon*, 1855, in-8, dos et coins de mar. rouge, tête dor., ébarbé.

274. **Dumas** (Alexandre). Le Chevalier de Maison-Rouge, compositions de Julien Le Blant, gravées à l'eau-forte par Géry-Bichard, préface par G. Larroumet. *Paris, Emile Testard*, 1894, 2 vol. gr. in-8, fig., cart. dos et coins de perc. grise, non rog., couv. (*Paul Vié*).

275. **Dumas** (Alexandre). Napoléon. Avec 12 portraits en pied, gravés sur acier d'après les peintures et les dessins de Horace Vernet, Tony Johannot, Isabey, Jules Boissy, etc. *Paris, Au Plutarque français, Delloye.* 1840, gr. in-8, portr., br., couv.

Exemplaire du premier tirage.

276. **Dumas** (Alexandre). Les Trois Mousquetaires. *Paris, Michel Lévy frères.* 1846, 2 vol. in-12, demi-rel., dos et coins de mar. grenat, fil., non rog. (*Champs*).

Première édition de ce format.
Exemplaire imprimé sur **papier vélin fort**, avec un portrait de l'auteur gravé à l'eau-forte par Reutlinger, d'après L. Flameng, ajouté en tête du tome Ier.

277. **DUMAS** (Alexandre). **Les Trois Mousquetaires**, avec une lettre d'Alexandre Dumas fils, compositions de Maurice Leloir, gravures sur bois de J. Huyot. *Paris, Calmann-Lévy.* 1894, 2 forts volumes gr. in-8, fig., cart. Bradel, dos et coins, mar. grenat, dos ornés, têtes dor. ébarbés, couv.

Un des **trois** exemplaires sur **papier du Japon** non mis dans le commerce, celui-ci fut offert par l'éditeur Launette, sous la direction duquel ce livre a été exécuté, à M. Giacomelli, dont le nom se trouve dessiné dans un cartouche.
Cet exemplaire est enrichi d'une **superbe aquarelle originale** de **Maurice Leloir** sur le faux-titre : groupe des quatre mousquetaires. « *Ils s'acheminèrent, ivres de joie, vers l'Hôtel de M. de Tréville, on les voyait entrelacés, tenant toute la largeur de la rue.* »
En tête de la table des chapitres du tome Ier : Un croquis à la sépia de Maurice Leloir.
En tête du tome IIe, un croquis à l'aquarelle de Maurice Leloir.
A la fin du volume, page 462, un croquis à l'aquarelle de Maurice Leloir.
On a joint à cet exemplaire le carton réimprimé et le catalogue de la vente des dessins originaux, sur papier du Japon.

278. **Dumas** (Alexandre). La Tulipe noire. *Paris, Baudry, s. d.*, (1850), 3 vol. in-8, demi-rel., dos et coins de mar. brun, dos ornés, fil., ébarbés, couv. (*Champs*).

Edition originale. On a ajouté à cet exemplaire un portrait d'Alexandre Dumas gravé à l'eau-forte par L. Flameng, d'après Reutlinger ; épreuve sur Chine volant.

279. **DUMAS** (Alexandre). Album in-fol., demi-rel. dos et coins, mar. rouge.

Cet album est composé de :
1. Six lettres autographes d'Alexandre Dumas, adressées pour la plupart à l'éditeur Renduel.

2. Monument d'Alexandre Dumas, place Malesherbes, gravure à l'eau-forte par Abot.

3. 2 articles de Séverine sur Alexandre Dumas, à propos du centenaire.

4. Chambre mortuaire d'Alexandre Dumas, grande photographie.

5. Cérémonie d'inauguration du monument d'Alexandre Dumas, dimanche 4 novembre 1883. Poésies de MM. Elie Fourès, Maurice Boniface et Fabre des Essarts ;

6. Numéro du *Monde Illustré* (10 novembre 1883) et de l'*Univers Illustré*, consacrés à Alexandre Dumas.

7. Un portrait d'Alexandre Dumas fils, eau-forte sur Japon, avec dédicace à M. Giacomelli : la même épreuve d'artiste, non terminée. — Le même, eau-forte de Jacquemart.

8. Lettre d'Alexandre Dumas fils (à son père), préface de 14 pages.

9. Un billet autographe de Dumas fils adressé à Monsieur Giacomelli.

10. Manuscrits originaux de Dumas père. Le lecteur qui n'aime pas les parades..... Parade en un acte, 21 ff. ; La Maison mystérieuse, feuilleton 13 ff. ; Les Mohicans de Paris, 34 ff. Fragments offerts à M. Giacomelli par M. Dumas fils, qui y a joint à la fin une dédicace.

280. **Dumas fils** (Alexandre). Un cas de rupture. *Paris, Librairie Nouvelle*, 1854, in-16, demi-rel., dos et coins de mar. bleu, dos orné, fil. ébarbé, couv. (*Champs*).

Édition originale.

281. **DUMAS fils** (Alexandre). La Dame aux Camélias. Préface par M. J. Janin. *Bruxelles et Leipzig*, 1855, 2 vol. in-16, cart., perc. grise.

Précieux exemplaire.

Note autographe d'Alexandre Dumas fils placée en tête de cet ouvrage :

Tout le premier acte de la pièce, sauf la présence de St-Gaudens et d'Olympe, s'est passé dans la réalité comme on le voit sur la scène. Même manière de pénétrer chez l'héroïne, même manière de congédier M. de Varville, qui se trouvait là quand nous sommes entrés, dont je me rappelle exactement les traits et le nom véritable, que je rencontre encore quelquefois dans le monde et qui opposait aux boutades de Marie Duplessis, la plus aimable et la plus élégante courtoisie ; même souper, même entrain, même indisposition subite de Marie Duplessis. Sur ce point, le récit du roman, chapitre X, est encore plus que la pièce, conforme à la vérité. Tout le roman, du reste, est plus fidèle que la pièce aux événements de ce petit drame d'amour dont tous les hommes d'un certain monde ont le souvenir équivalent dans leur jeunesse. L'imagination d'un écrivain de vingt-trois ans n'a eu qu'à condenser, à mettre en relief et prélever des faits et des émotions où toute une génération, ou chaque génération se retrouve depuis des milliers d'années.

A. Dumas fils.

282. **Dumas fils** (Alexandre). La Dame aux Camélias, préface par M. J. Janin. *Paris, Michel Lévy fr.*, 1872, in-8, demi-rel., dos et coins de mar. bleu, tête dor., non rog., couv. (*Dupré*).

Exemplaire sur **papier de Hollande** contenant une suite de 11 planches gravées à l'eau-forte par M. de Los-Rios, d'après A. Bernard, y compris un portrait de Dumas fils d'après Ch. Giraud, le seul qui existe de l'auteur à l'époque où il écrivit la Dame aux Camélias, avec un fac-simile d'une lettre autographe de Dumas fils, relative à ces illustrations.

Epreuves avant la lettre portant la signature au crayon du graveur.

283. **Dumas fils** (Alexandre). La Dame aux Camélias, préface de Jules Janin, nouvelle édition entièrement revue et corrigée. *Paris, Calmann-Lévy*, 1879, in-12 cart., dos et coins de perc. grenat, ébarbé, couv. (*P. Vié*).

Exemplaire imprimé sur **papier de Hollande** :
A Giacomelli, souvenir de son ami. A. Dumas fils.

284. **Dumas fils** (Alexandre). La Dame aux perles. *Paris, Librairie Nouvelle*, 1854, in-12 cart., dos et coins toile grise, non rog., couv. (*Paul Vié*).

Première édition in-12.

285. **Dumas fils** (Alexandre). Denise, pièce en quatre actes. *Paris, Calmann-Lévy*, 1885, in-8, demi-rel., dos et coins de mar. vert foncé, tête dor., non rog., couv. (*Dupré*).

Edition originale.
A mon ami Giacomelli, son ami. A. Dumas fils.

286. **Dumas fils** (Alexandre). Denise, pièce en quatre actes. *Paris, Calmann-Lévy*, 1893, gr. in-8, cart., dos et coins de mar. gris, tête dor., ébarbé, couv. (*Dupré*).

Un des **25** exemplaires imprimés sur **papier vergé de Hollande**. Envoi d'auteur adressé à Madame Giacomelli ; un article critique de Ern. Helbo, extrait du *Figaro*, et des **variantes manuscrites** de **M. Dumas fils**. 12 pages.

287. **Dumas fils** (Alexandre). Faust. Préface de la traduction nouvelle de M. Bacharach. *Paris, Impr. de J. Claye*, 1873, in-8 de 98 pages, demi-rel., dos et coins de mar. grenat, tête dor., non rog. (*Dupré*).

Exemplaire sur **papier de Hollande**.
A Giacomelli, son ami. Alexandre Dumas fils.

288. **Dumas fils** (Alexandre). Les Femmes qui tuent et les femmes qui volent. *Paris, Calmann-Lévy*, 1880, in-12, cart. Bradel, dos et coins de mar. grenat, tête dor., non rog., couv. (*Dupré*).

Edition originale.
Un des **10** exemplaires imprimés sur **papier de Chine**.
Envoi de l'auteur à M. Giacomelli.

289. **DUMAS fils** (Alexandre). **Francillon**, pièce en trois actes, pet. in-fol., demi-rel., dos et coins de mar. bleu.

Manuscrit original écrit sur 340 feuillets papier écolier et daté du 13 octobre 1886.
En tête un portrait en photographie d'Alexandre Dumas fils d'après Bonnet, et un billet autographe de l'auteur adressé à M. Giacomelli.

290. **Dumas fils** (Alexandre). **Francillon**, pièce en trois actes, représentée sur le Théâtre français, le 17 janvier 1887, in-4 en feuilles.

Manuscrit original du 2e et du 3e acte. Le 1er feuillet du 2e acte contient l'envoi suivant : *A mon cher Giacomelli, bien faible souvenir de sa bonne compagnie.* A. Dumas. Puits. 24 septembre 1886.

291. **Dumas fils** (Alexandre). Francillon, pièce en trois actes. *Paris, Calmann-Lévy*, 1887, in-8, demi-rel., dos et coins de mar. bleu, tête dor., non rog., couv. (*Dupré*).

Edition originale.
Exemplaire imprimé sur **papier du Japon** au nom de M. Giacomelli.
Envoi de A. Dumas fils.

292. **Dumas fils** (Alexandre). Franc[illegible]on, pièce en trois actes. *Paris, Calmann-Lévy*, 1887, in-8, demi-rel., dos et coins de mar. bleu, tête dor., non rog., couv. (*Dupré*).

Edition originale.
A Giacomelli, ami et collaborateur. A. Dumas fils.

293. **Dumas fils** (Alexandre). Ilka ; Pile ou face ; Souvenirs de jeunesse ; Le Songe d'une nuit d'Eté, au docteur J. P***. Illustrations de Marold. *Paris, Calmann-Lévy*, 1896, pet. in-8, fig., mar. rouge, dos orné, compart. sur les plats, dent. int., tr. dor. (*Dupré*).

Exemplaire imprimé sur **papier de Chine**.

294. **Dumas fils** (Alexandre). Une Volée de Paradoxes. — Ilka. *S. l. n. d.*, in-4, cart., dos et coins de perc. rouge.

2 nouvelles extraites de *Les Lettres et les Arts*, la première imprimée sur papier vélin, avec 2 planches hors texte. La seconde est imprimée sur papier du Japon avec 2 planches hors texte et des vignettes.

295. **Dumas fils** (Alexandre). Nouvelle lettre de Junius à son ami A. D. Révélations curieuses et positives sur les principaux personnages de la guerre actuelle. *Londres, Eugène Rascol, s. d.*

(1871), in-8 de 97 pages, demi-rel., dos et coins de mar. vert, tête dor., non rog., couv. (*Dupré*).

Edition originale.
A Giacomelli, de la part de Junius absent. A. Dumas.

296. **Dumas fils** (Alexandre). Péchés de Jeunesse. *Paris, Fellens et Dufour*, 1847, in-8, demi-rel. dos et coins de mar. orange, tête dor., non rog. (*Dupré*).

Edition originale, rare.

297. **Dumas fils** (Alexandre). La Princesse de Bagdad, pièce en trois actes. *Paris, Calmann Lévy*, 1881, in-8, demi-rel. dos et coins de mar. grenat, tête dor., non rog., couv. (*Dupré*).

Edition originale.
Exemplaire imprimé sur **papier de Hollande**.

298. **Dumas fils** (Alexandre). La Princesse Georges, pièce en trois actes. *Paris, Michel Lévy frères*, 1872, in-8, demi-rel. dos et coins de mar. grenat, tête dor., couv. (*Dupré*).

Un des **24** exemplaires imprimés sur **papier de Hollande**.
Envoi d'auteur à M. Giacomelli.

299. **Dumas fils** (Alexandre). La Question du Divorce. *Paris, Calmann Lévy*, 1880, in-8, demi-rel. dos et coins, mar. bleu, tête dor. ébarbé, couv.

Edition originale.
Un des **30** exemplaires sur **papier de Hollande**.
A Giacomelli souvenir affectueux. A. Dumas.

300. **Dumas fils** (Alexandre). La Question du Divorce. *Paris, Calmann Lévy*, 1880, in-8, br., couv.

Edition originale.
Envoi de l'auteur à M. Giacomelli.

301. **DUMAS FILS** (Alexandre). Théâtre complet. Edition des comédiens avec les préfaces, revue, corrigée et augmentée de variantes et de notes inédites. *Paris, Calmann Lévy*, 1882-1893, 7 vol. in-8, portrait, demi-rel. dos et coins de mar. rouge, dos ornés, têtes dor., ébarbés, couv. (*Dupré*).

Cette édition non mise dans le commerce a été tirée à quelques exemplaires, les titres et les couvertures portent les trois initiales de l'auteur : A. D. F.
Exemplaire imprimé sur **papier de Hollande** au nom de M. Giacomelli, avec envoi d'Alexandre Dumas et 2 portraits du même gravés à

l'eau-forte, le premier par Burney et le second, ajouté, gravé par Mongin, avant la lettre et avec la signature de l'artiste au crayon.

On y a ajouté un volume contenant les notes pour les tomes I, II, III, IV, V et VI du Théâtre complet d'Alexandre Dumas fils.

Ces notes qui sont celles de *l'édition des Comédiens*, sont paginées en chiffres romains et forment 2 parties reliées en 1 vol. in-8, imprimé sur **papier de Chine,** demi-rel. dos et coins de mar. bleu, dos orné, fil., tête dor. ébarbé (*Dupré*).

302. **DUMAS FILS** (Alexandre). Théâtre compositions de Robaudi gravées à l'eau-forte par Abot, gr. in-8, demi-rel. dos et coins de mar. bleu, dos orné, fil., tête dor. (*Dupré*).

Album contenant un portrait de Alexandre Dumas fils et 42 eaux-fortes publiés par la Librairie Conquet pour illustrer le Théâtre complet d'Alexandre Dumas fils, édition dite des comédiens, 7 vol. in-8.

Epreuves en double état sur Japon ; Eaux-fortes pures et eaux-fortes terminées.

303. **Dumas fils** (Alexandre). Entr'actes 3 vol. — Nouveaux entr'actes. Première série quatrième édition. 1 vol. — Théâtre des autres, 2 vol. — Théâtre complet avec notes inédites. Tomes VII et VIII. *Paris, Calmann Lévy*, 1878-1892, 8 vol. in-12, cart. dos et coins de percal. verte, ébarbés.

Les 3 premiers ouvrages portent un envoi d'Alexandre Dumas fils à M. Giacomelli. Le Tome VII du Théâtre est broché.

304. **Dumas fils** (Alexandre). Notes pour les tomes I à VI du Théâtre complet d'Alexandre Dumas fils (Edition dite des Comédiens. *Paris, Calmann Lévy*, 1882-1893, 7 vol.). *S. l. n. d.*, 2 vol. in-8, pap. de Hollande, br., couv.

305. **Dumas fils** (Alexandre). Une Visite de noces, comédie en un acte. *Paris, Calmann Lévy*, 1891, in-8, demi-rel. dos et coins de mar. rouge, dos orné, tête dor., couv. (*Dupré*).

Édition imprimée spécialement pour M. Alexandre Dumas fils, à **30** exemplaires tous numérotés (nº 16).

A Giacomelli, son ami. A. Dumas.

306. **Dupont** (Pierre). La Légende du Juif Errant, poëme avec prologue et épilogue, compositions et dessins par Gustave Doré, gravés sur bois par F. Rouget, O. Jahyer et J. Gauchard, préface et notice bibliographique par P. Lacroix. *Paris, Michel Lévy frères*, 1856, gr. in-fol. de 20 pages de texte et 12 compositions hors texte, cart de l'éditeur, non rog.

Exemplaire du premier tirage des illustrations de Gustave Doré.
Envoi de Gustave Doré à M. Giacomelli.
Piqûres d'humidité.

307. **Durand** (Alp.), *architecte*, E. Grave, *pharmacien*. La Chronique de Mantes, depuis le IXe siècle jusqu'à la Révolution. *Mantes, Imprimerie du Petit Mantais*, 1883, in-8, planches gravées à l'eau-forte, cart. Bradel, dos et coins de mar. vert foncé, non rog.

308. **Dussieux**. Les Artistes français à l'étranger. Troisième édition. *Paris, Lecoffre*, 1876, in-8, br.

Envoi d'auteur à M. Giacomelli.

309. **Dussieux**. Le Château de Versailles. Histoire et description. *Versailles, L. Bernard*, 1881, 2 vol. in-8, fig. et plans, br.

Envoi de l'auteur à M. Giacomelli.

310. **Éditions Poulet-Malassis**. 5 vol. in-12.

Les Philippiques de La Grange-Chancel. 1858.— En Hollande. Lettres à un ami par Maxime Du Camp. 1859. — Lettres satiriques et critiques par Hipp. Babou. 1860. — Champfleury. La Succession Le Camus : Les Amis de la Nature. 1861. — Galileo Galilei, sa vie, son procès, par Ph. Chasles. 1862.

311. **Éditions Poulet-Malassis**. 1860-1862, 3 vol. in-12, br.

Lettres satiriques et critiques par Hipp. Babou. – Champfleury. Grandes figures d'hier et d'aujourd'hui. — Galileo Galilei sa vie, son procès, etc., par Ph. Chasles.

312. **Erasme**. Les Colloques, nouvellement traduits par Victor Develay et ornés de vignettes gravées à l'eau-forte par J. Chauvet. *Paris, Librairie des Bibliophiles*, 1875-76, 3 vol. in-8, portrait et fig., br., couv.

Exemplaire imprimé sur **papier Whatman**.
Envoi de l'éditeur à M. Giacomelli.

313. **Erasme**. Eloge de la Folie, traduit par Victor Develay et accompagné des dessins de Hans Holbein. *Paris, Librairie des Bibliophiles*, 1872, in-8, fig., cart. Bradel, dos et coins de mar. vert, fil., tête dor., non rog., couv.

Exemplaire sur **papier de Chine**, imprimé au nom de M. Giacomelli.

314. **Erckmann-Chatrian**. Romans nationaux. *Paris, J. Hetzel, Lacroix et Hachette et Cie*, 1863-1867, 5 vol. in-12, cart., dos et coins de percal. bleue, ébarbés.

Madame Thérèse. 1863. *Edition originale*. — Le Blocus, épisode de la fin de l'Empire. 1867. *Edition originale*. — Histoire d'un conscrit de 1813. Deuxième édition. — Waterloo. 1865. Deuxième édition. — L'Ami Fritz. 1864. *Edition originale*.

315. **Eschyle**. L'Orestie, traduction d'Alexis Pierron, avec une préface par Jules Lemaitre, dessins de Rochegrosse, gravés à l'eau-forte par Champollion. *Paris, Librairie des Bibliophiles*, 1889, in-16, texte encadré d'un filet rouge, fig., demi-rel. dos et coins de mar. brun, tête dor. ébarbé, couv. (*Dupré*).

Exemplaire imprimé sur **papier de Chine**.

316. **Esparbès** (Georges d'). La Légende de l'Aigle. Compositions de François Thévenot, gravées par Florian et Romagnol. *Paris, Librairie de la Collection des Dix, A. Romagnol, directeur*, 1901, gr. in-8, papier fig., br., couv.

317. **Esparbès** (Georges d'). La Guerre en dentelles (poème épique en vingt contes. — La Légende de l'Aigle (poème épique en vingt contes). *Paris, E. Dentu*, 1893. 2 vol. in-12, cart., dos et coins percal. bleue, non rog., couv.

Editions originales.
On y joint : Georges d'Esparbès. La Grogne. *Paris, P. Juven, s. d.*, in-12, br., couv. (*Edit. orig.*)

318. **Esquiros** (Alph.). Paris, ou les sciences, les institutions et les mœurs au XIXe siècle. *Paris, au Comptoir des Imprimeurs-Unis*, 1847, 2 vol. in-8, cart. dos et coins, toile bleue, non rog., couv. (*Paul Vié*).

319. **Estourmel** (Le Comte Joseph d'). Journal d'un voyage en Orient. Deuxième édition. *Paris, de l'Impr. de Crapelet*, 1848, 2 vol. in-12, br., couv.

Première édition in-12.

320. **Eudel** (Paul). Collections et collectionneurs. *Paris, G. Charpentier*, 1885, in-12, br., couv.

Exemplaire imprimé sur **papier de Hollande**.

321. **Eudel** (Paul). L'Hôtel Drouot de 1881 à 1888, avec préfaces par J. Claretie, Armand Silvestre, Ch. Monselet, Champfleury, Ph. Burty, Em. Bergerat, Oct. Uzanne, Edm. Bonnafé. *Paris, G. Charpentier*, 1882-1889, 8 vol. in-12, br.

Exemplaire imprimé sur **papier de Hollande**.

322. **Euripide,** traduction nouvelle par Leconte de Lisle. *Paris, Alph. Lemerre,* 1884, 2 vol. gr. in-8, br., couv.

Traduction originale.
Exemplaire imprimé sur **grand papier de Hollande**.
Envoi de M. Leconte de Lisle à M. Giacomelli.

323. **Exposition Meissonier** (Galerie Georges Petit), organisée au profit des œuvres de l'Hospitalité de nuit, de la Caisse des victimes du devoir et l'Orphelinat des arts). *Paris, Imprimerie de l'Art*, 1893, in-4, planches gravées à l'eau-forte, br., couv.

Exemplaire imprimé sur **papier du Japon**, orné d'eaux-fortes gravées par Abot, Boulard, Champollion, Courtry, Faivre, Lalauze, etc.
Cet exemplaire contient le **manuscrit original** de la préface d'**Alexandre Dumas fils**, écrite pour ce livre et portant à la fin :
A mon cher ami Giacomelli, 1er août 1893. A. Dumas.

324. **Fabre** (Ferdinand). L'Abbé Tigrane, candidat à la Papauté. Un portrait d'après J.-P. Laurens et vingt eaux-fortes originales de E. Rudaux. *Paris, Librairie de L. Conquet,* 1890, in-8, fig., cart. Bradel dos de mar. noir, tête dor., non rog., couv. (*Dupré*).

Exemplaire imprimé sur **papier du Japon**.
Envoi de l'éditeur à M. H. Giacomelli.

325. **Figures contemporaines,** tirées de l'Album Mariani. Portraits, biographies, autographes, causeries préliminaires, par Oct. Uzanne, Armand Silvestre, Jules Claretie, O. Roty, M. Bouchoir, portraits gravés à l'eau-forte par Lalauze, F. Desmoulins, L. Dautrey, F. Massé, L. Boisson, E. Vial. *Paris, Ern. Flammarion, Henry Floury,* 1894-1903, 8 vol. gr. in-8, portr. Les deux premiers volumes en demi-rel. dos et coins de mar. bleu, branchage et fleurs mosaïquées sur le dos, têtes dor., ébarbés (*Ruban*), les tomes III à VIII br.

Un des **50** exemplaires imprimés sur **papier du Japon**, contenant une double suite des portraits, tirée en sanguine et avant la lettre.

326. **FLAUBERT** (Gustave). Bouvard et Pécuchet. Œuvre posthume. *Paris, Alph. Lemerre,* 1881, in-12, cart. dos et coins de perc. bleue, non rog. (*Champs*).

Edition originale, avec la couverture.
Exemplaire imprimé sur **papier de Hollande**.

327. **Flaubert** (Gustave). Correspondance (1830-1880). *Paris, G. Charpentier*, 1887-1893, 4 vol. in-12, cart. dos et coins de perc. bleue, non rog. (*Champs*).

Edition originale.
Un des **25** exemplaires imprimés sur **papier du Japon**.

328. **Flaubert** (Gustave). L'Education sentimentale. Histoire d'un jeune homme. *Paris, G. Charpentier*, 1880, in-12, cart. dos et coins de perc. bleue, non rog. (*Champs*).

Première edition Charpentier.
Exemplaire imprimé sur **papier de Hollande**.

329. **Flaubert** (Gustave). La Légende de Saint-Julien l'Hospitalier, illustrée de vingt-six compositions par Luc-Olivier Merson, gravées à l'eau-forte par Géry-Bichard, préface par Marcel Schwob. *Paris, Librairie des Amateurs, A. Ferroud*, 1895, in-8, fig., cart. Bradel dos et coins de mar. bleu, tête dor., couv. (*Dupré*).

Exemplaire imprimé sur **papier du Japon**, contenant **3 états** des eaux-fortes (eaux-fortes pures, avant la lettre, avec remarques et avec la lettre).
Envoi de l'éditeur à M. Giacomelli.

330. **Flaubert** (Gustave). Lettres de Gustave Flaubert à George Sand, précédées d'une étude par Guy de Maupassant. *Paris, G. Charpentier*, 1884, in-12, cart. dos et coins de perc. bleue, non rog. (*Champs*).

Edition originale, avec la couverture.
Un des **10** exemplaires imprimés sur **papier du Japon**.

331. **Flaubert** (Gustave). Madame Bovary, mœurs de province. Edition définitive suivie des réquisitoires, plaidoirie et jugement du procès intenté à l'auteur devant le Tribunal correctionnel de Paris. *Paris, G. Charpentier*, 1880, 2 vol. in-12, cart. dos et coins de perc. bleue, non rog., couv. (*Champs*).

Edition définitive.
Exemplaire imprimé sur **papier de Hollande**, avec le portrait en double épreuve.

332. **Flaubert** (Gustave). Par les Champs et par les Grèves (Voyage en Bretagne), accompagné de mélanges et fragments inédits. *Paris, G. Charpentier*, 1889, in-12, cart. dos et coins de perc. bleue, non rog. (*Champs*).

Edition originale, avec la couverture.
Exemplaire imprimé sur **papier de Hollande**.

333. **Flaubert** (Gustave). Salammbô. Edition définitive, avec des documents nouveaux. *Paris, G. Charpentier*, 1880, in-12, cart. dos et coins de perc. bleue, non rog. (*Champs*).

Exemplaire imprimé sur **papier de Hollande**.

334. **FLAUBERT** (Gustave). Salammbô. Compositions de George Rochegrosse, gravées à l'eau-forte par Champollion, préface par Léon Hennique. *Paris, Librairie des Amateurs, A. Ferroud*, 1900, 2 vol. gr. in-8, fig., demi-rel. dos et coins de mar. grenat, dos ornés, fil., têtes dor., ébarbés (*Dupré*).

Exemplaire imprimé sur **papier du Japon**, contenant la suite des eaux-fortes en double épreuve : eaux-fortes avant la lettre, avec remarques et eaux-fortes avec la lettre.

335. **Flaubert** (Gustave). La Tentation de Saint-Antoine. *Paris, G. Charpentier*, 1880, in-12, cart., dos et coins de perc. bleue, non rog. (*Champs*).

Exemplaire imprimé sur **papier de Hollande.**
Couverture portant cinquième édition.

336. **Flaubert** (Gustave). Trois contes. Un Cœur simple. La Légende de Saint-Julien l'Hospitalier. Hérodias. *Paris, G. Charpentier*, 1877, in-12, cart., dos et coins perc. bleue, non rog., (*Champs*).

Edition originale avec la couverture.
Exemplaire imprimé sur **papier de Hollande**.

337. **Florian**. Kédar et Améla. Illustré de dix compositions en couleurs de L. Fauret. *Paris, A. Ferroud*, 1901, in-16, fig., demi-rel., dos et coins de mar. citron, tête dor., couv., (*Dupré*).

Exemplaire imprimé sur **papier du Japon**, contenant un envoi de l'éditeur à M. Giacomelli ; et la suite des figures en double état ; noir et couleurs.

338. **Florian**. Fables. *Paris, Ant. Aug. Renouard*, 1820, in-12, fig., chagr. vert, fil. à fr. et compart. de 6 fil. or, dent. int., tr. dor. (*Ginain*).

Exemplaire imprimé sur **papier rose**, contenant 8 compositions de Moreau, épreuves avant la lettre.
En tête de cet exemplaire a été ajouté une pièce de vers, **autographe** de **Florian**, ayant pour titre l'*Inondation*, 3 pages avec variantes et corrections.
Aux armes du comte de Mandres, avec son ex-libris à l'intérieur.

339. **Florian**. Fables, avec une préface par Honoré Bonhomme, dessins d'Emile Adan, gravés à l'eau-forte par Le Rat. *Paris, Librairie des Bibliophiles*, 1886, in-8, fig., br., couv.

Exemplaire imprimé sur **papier Whatman**, contenant les eaux-fortes en double épreuve, avec et avant la lettre.
Envoi de l'éditeur à M. Giacomelli.

340. **Floux** (Jean). Les Maîtresses, illustrations par J. Béraud, B. Constant, M. Faivre, Fanny, Fleury, Giacomelli, etc. *Paris, M. de Brunhoff*, 1886, in-4, fig., br., couv. parc. avec titre imprimé en noir et or.

Un des **30** exemplaires imprimés sur **papier du Japon**, avec une double suite de gravures avant la lettre (sanguine et noir).
A Monsieur Giacomelli, hommage respectueux de son très obligé et très reconnaissant ami, JEAN FLOUX.

341. **Foë** (Daniel de). Vie et avantures de Robinson Crusoé, traduction de Petrus Borel, avec huit eaux-fortes par Mouilleron, portrait gravé par Flameng. *Paris, Librairie des Bibliophiles*, 1878, 4 vol. in-8, fig., br., couv.

Exemplaire imprimé sur **papier Whatman**, contenant les eaux-fortes en double épreuve, avec et avant la lettre.
Envoi de l'éditeur à M. Giacomelli.

342. **Forain**. Album (avec une préface par Alphonse Daudet). *Paris, H. Simonis, s. d.*, gr. in-4, fig., cart., dos et coins de perc. rouge, non rog., couv. (*Carayon*).

343. **Forain**. La Comédie parisienne. Deux cent cinquante dessins. *Paris, G. Charpentier et E. Fasquelle*, 1892, in-12, fig., cart., dos et coins perc. rouge, ébarbé, couv. (*Carayon*).

Exemplaire du premier tirage avec l'affiche de la mise en vente.

344. **Forain**. Nous, vous, eux ! par J. L. Forain. *Paris, Publications de la Vie parisienne, s. d.*, in-4, cart., dos et coins de perc. non rog., couv. (*Carayon*).

345. **Forain**. La Vie. *Paris, F. Juven, s. d.*, in-4, fig., br., couv.

Exemplaire imprimé sur **papier de Chine**, contenant deux états des gravures noir et couleur.
On a ajouté 9 planches de Forain extraites de *Pages modernes*.

346. **Forain et Caran d'Ache**. Psst...! images par Forain, Caran d'Ache. *Paris, Librairie Plon*, 1898-1899, 85 numéros en 1 vol. in-fol., cart. dos toile verte, non rog.

347. **Forneret** (Xavier). Encore un an de sans titre, par un homme noir, blanc de visage (année 1839). *Paris E. Duverger*, 1840, in-8, portrait, cart., demi-toile.

Edition originale contenant un portrait de l'auteur lithographié par A. Legrand, et tiré sur Chine monté.

348. **Fournel** (Victor). Les Artistes français contemporains. Peintres, sculpteurs. Illustré de 10 eaux-fortes et de 176 gravures dans le texte. *Tours, Alfred Mame et fils*, 1884, gr. in-8, fig., cart., dos et coins toile verte, ébarbé, couv.

349. **Fournel** (Victor). Le Vieux Paris. Fêtes, jeux et spectacles. *Tours, Alfred Mame et fils*, 1887, gr. in-8, fig., br., couv.

350. **Fournier** (Edouard). La Farce de Maître Pathelin, mise en trois actes avec traduction en vers modernes vis-à-vis du texte du XVe siècle, et précédée d'un prologue. *Paris, Librairie des Bibliophiles*, 1872, in-16, cart. Bradel, dos et coins de mar. rouge, fil., tête dor., couv. (*Dupré*).

Edition originale.
Exemplaire imprimé sur **papier de Chine** orné des portraits de Got et de Coquelin cadet.

351. **Fournier** (Edouard). Histoire des Enseignes de Paris, revue et publiée par le Bibliophile Jacob (Paul Lacroix). *Paris, Dentu*, 1884, pet. in-8, fig., br., couv.

352. **Fournier** (Edouard). Œuvres. *Paris, Dentu*, 1855-1877, 10 vol. in-12, br.

L'Esprit des Autres, 1855. — L'Esprit de l'Histoire, 1857. — Le Vieux-neuf, 1859, 2 vol. — Enigmes des rues de Paris, 1860. — Le Roman de Molière, 1863. — Chroniques et légendes des rues de Paris, 1864. — La Comédie de J. de La Bruyère, 1866, 2 vol. — Histoire de la Butte des Moulins, 1877.

353. **Français** (Les) peints par eux-mêmes. *Paris, L. Curmer*, 1840-1841, 9 vol. gr. in-8, fig., demi-rel., dos et coins de mar. rouge, fil., tr. jasp.

Province, 3 vol. — Paris, 5 vol. — Le Prisme, encyclopédie morale du du dix-neuvième siècle, 1 vol.
Exemplaire du premier tirage, nombreuses illustrations de Daumier, Gavarni, Grandville, Malapeau, Meissonnier, Pauquet, Trimolet, etc.

354. **France** (Anatole). Balthasar et la reine Balkis. Aquarelles originales d'après Henri Caruchet. *Paris, Librairie L. Conquet, L. Carteret et Cie Srs*, 1900, pet. in-8, cart. Bradel, dos et coins de mar. bleu, fil., tête dor., non rog., couv. (*Dupré*).

Tirage à 300 exemplaires sur vélin du Marais, non mis dans le commerce.
Exemplaire contenant un tirage à part sur papier de Chine de toutes les illustrations du texte, offert par l'éditeur à M. H. Giacomelli.

355. **France** (Anatole). Clio, illustrations de Mucha. *Paris, Calmann-Lévy*, 1900, in-12, fig. en couleur, br., couv.

356. **France** (Anatole). Le Crime de Sylvestre Bonnard. *Paris, Calmann Lévy*, 1881, in-12, cart., dos et coins de perc. jonquille, ébarbé (*P. Vié*).

Edition originale.

357. **France** (Anatole). Le Livre de mon ami. *Paris, Calmann Lévy*, 1885, in-12, br., couv.

Edition originale, avec la couverture.

358. **France** (Anatole). Le Lys rouge. *Paris, Calmann Lévy*, 1894, in-12, br.

Edition originale, avec la couverture.
Envoi autographe de l'auteur :
A Alexandre Dumas fils, en témoignage d'une fervente admiration.
ANATOLE FRANCE.

359. **France** (Anatole). Madame de Luzy, dix compositions dessinées et gravées par Ad. Lalauze. *Paris, A. Ferroud*, 1902, in-12, fig., br., couv.

Exemplaire imprimé sur papier vélin d'Arches, contenant un double tirage à part des figures, dont l'eau-forte pure.
Offert par l'éditeur à M. Giacomelli.

360. **France** (Anatole). Mémoires d'un Volontaire, compositions de Adrien Moreau, gravées à l'eau-forte par Xav. Lesueur. *Paris, Librairie des amateurs, A. Ferroud*, 1902, in-8, fig., demi-rel. dos et coins de mar. rouge, dos orné, tête dor., couv. (*Dupré*).

Exemplaire sur **grand papier vélin d'Arches**, avec deux états des eaux-fortes, dont l'eau-forte avec remarque.

361. **France** (Anatole). Nos Enfants, scènes de la ville et des Champs. Illustrations de M. B. de Monvel. *Paris, Hachette et Cie*,

1887, in-4, fig. hors texte en couleurs, et vignettes dans le texte, cart. de l'éditeur.

Edition originale.

362. **France** (Anatole). L'Orme du Mail. — Le Mannequin d'Osier. Monsieur Bergeret à Paris.— Histoire comique. *Paris, Calmann Lévy*. 1897-1903. Ens. 4 vol. in-12, br.

Editions originales, avec les couvertures.

363. **Fromentin** (Eugène). Un Été dans le Sahara. Une Année dans le Sahel. *Paris, Alph. Lemerre*, 1874, 2 vol. in-8, cart., dos et coins toile olive, ébarbés. couv. (*Paul Vié*).

Premières éditions de ce format.

364. **Fromentin** (Eugène). Les Maîtres d'autrefois. Belgique et Hollande. *Paris, E. Plon*, 1876, in-8, br.

365. **Fusillot** (Réveilhac). Un Début au Marais. *Paris, A. Ferroud*. 1892, pet. in-8, fig., mar. rouge foncé jans., dent. int., doublure et gardes de satin gris, avec un groupe de canards sauvages sur la doublure, tr. dor.

Exemplaire imprimé sur **papier de Chine,** contenant une **aquarelle originale de M. Giacomelli.**
Eaux-fortes de Lalauze en double état et compositions de M.Giacomelli.

366. **Fusillot** (Réveilhac). Un Début au Marais. *Paris, A. Ferroud*. 1892, pet. in-8, fig., cart. Bradel. dos et coins de mar. rouge. tête dor., non rog., couv. (*Dupré*).

Exemplaire imprimé sur **papier du Japon,** contenant **3 états** des eaux-fortes des 4 planches hors texte. Eaux-fortes pures, avant la lettre avec remarque et avec encadrement du texte.
Envoi de l'auteur à M. Giacomelli, et sur un feuillet de garde une **aquarelle originale** (Groupe de canards) de **Giacomelli**.

367. **Fusillot** (Réveilhac). Un Début au Marais. *Paris, A. Ferroud*, 1892, pet. in-8, fig., br., couv.

Eaux-fortes de A. Lalauze et compositions de H. Giacomelli, gravées sur bois par J. Huyot.

368. **Fusillot** (Réveilhac). Une ouverture de chasse en Normandie, 19 aquarelles d'après E. Letellier. *En Plaine, aux dépens des compagnies de perdreaux réunies* (*En vente à la Librairie L. Conquet*), 1890, in-16, fig., br., couv.

Envoi de M. Réveilhac à M. Giacomelli.

369. **Galerie contemporaine, littéraire, artistique.** Biographies et portraits. *Paris, L. Baschet, s. d.*, 3 vol. in-4, fig. dans le texte, planches et portraits en photographie, cart. dos et coins toile grenat, ébarbés.

370. **Galibert** (Léon). Histoire de l'Algérie ancienne et moderne. *Paris, Furne*, 1843, gr. in-8, fig., demi-rel. dos et coins de mar. bleu jans., tête dor., ébarbé, couv.

24 vues gravées sur acier par Rouargue frères, 12 planches de costumes militaires coloriées par Raffet et une carte de l'Algérie.
Exemplaire de premier tirage, la couverture est datée de 1844.

371. **Galland.** Les Mille et une Nuits, contes arabes, réimprimés sur l'édition originale, avec une préface de Jules Janin, vingt et une eaux-fortes par Ad. Lalauze. *Paris, Librairie des Bibliophiles*, 1881, 10 vol. in-8, fig., br., couv.

Exemplaire imprimé sur **papier Whatman**, contenant les eaux-fortes en double épreuve, avec et avant la lettre.
Envoi de l'éditeur à M. Giacomelli.

372. **Garnier** (Edouard). Histoire de la céramique, poteries, faïences et porcelaines chez tous les peuples depuis les temps anciens jusqu'à nos jours. Illustration d'après les dessins de l'auteur. *Tours, Alfr. Mame et fils*, 1882, in-8, fig., br.

Exemplaire imprimé sur **papier de Hollande**, contenant 5 planches hors texte dont 4 en chromolith. et de nombreuses vignettes dans le texte.

373. **Garnier** (Edouard). Histoire de la Verrerie et de l'Emaillerie, illustration d'après les dessins de l'auteur, gravure de Trichon. *Tours, Alfred Mame et fils*, 1886, gr. in-8, fig., br., couv.

Un des **65** exemplaires imprimés sur **papier de Hollande**, avec 4 planches en couleurs et 4 planches en noir.

374. **Gatineau**, *poète du XIIIe siècle*. Vie de Monseigneur Saint-Martin de Tours, publiée d'après un manuscrit de la Bibliothèque impériale par M. l'abbé J.-J. Bourassé. *Tours, Impr. Ad. Mame*, 1860, in-8, papier vergé de Hollande, br., couv.

Envoi de l'éditeur à M. Giacomelli.

375. **Gautier** (Théophile). Les Beaux-Arts en Europe, 1855, 2 vol. — L'Art moderne, 1856, 1 vol. *Paris, Michel Lévy*, 1855-1856, 3 vol. in-12, cart., ébarbés.

Le faux-titre des Beaux-Arts en Europe (tome Ier), contient un croquis au crayon, représentant un *Chat couché*.

376. **Gautier** (Théophile). Le Capitaine Fracasse, avec un avant-propos, par Mme Judith Gautier. Dessins de Charles Delort, gravés par Mongie. *Paris, Librairie des Bibliophiles*, 1884, 3 vol. in-8, fig., cart. Bradel, dos et coins mar. bleu, ébarbés, couv.

Exemplaire imprimé sur **grand papier de Chine fort**, contenant les figures en double épreuve : avec et avant la lettre.
Envoi de l'éditeur à M. Giacomelli.

377. **Gautier** (Théophile). Celle-ci et Celle-là, ou la Jeune-France passionnée, avant-propos de Maurice Tourneux, illustrations de François Courboin. *Paris, Librairie A. Rouquette*, 1900, in-8, fig., cart. Bradel, dos et coins de mar. bleu, ornements à froid et or sur le dos, fil., non rog., couv. (*Carayon*).

Tirage unique à **125** exemplaires numérotés sur **papier vergé**, avec une triple suite des illustrations : Eau-forte pure avec remarque et épreuve terminée avec remarque, en noir, hors texte et tirage en 2 teintes dans le texte.
La vignette du faux-titre a été rehaussée à l'aquarelle.

378. **Gautier** (Théophile). Emaux et Camées. Cent douze dessins de Gustave Fraipont, préface par Maxime Du Camp. *Paris, Librairie L. Conquet*, 1887, in-16, fig., demi-rel., dos et coins de mar. vert olive, tête dor., couv. (*Dupré*).

Exemplaire imprimé sur **papier de Chine**, avec le *Musée secret*.

379. **Gautier** (Théophile). Fortunio. Réimpression textuelle de l'édition originale. Vingt-quatre lithographies en couleurs de A. Lunois. *Paris, Librairie des Bibliophiles*, 1898, pet. in-4, fig., br., couv.

380. **Gautier** (Théophile). Honoré de Balzac. Edition revue et augmentée, avec un portrait gravé à l'eau-forte par E. Hédouin. *Paris, Poulet-Malassis et de Broise*, 1859, pet. in-8, portrait et fac-similés de lettres, demi-rel. chag. bleu, tête jaspée, non rog., couv.

Portrait-charge de Balzac ajouté, **fumé** sur Chine.

381. **Gautier** (Théophile). Honoré de Balzac. Edition revue et augmentée, avec un portrait gravé à l'eau-forte par E. Hédouin. *Paris, Poulet-Malassis et de Broise*, 1859, pet. in-8, portrait et fac-similés de lettres, demi-rel., dos et coins de chag. rouge, tête dor., ébarbé.

382. **GAUTIER** (Théophile). **Mademoiselle de Maupin**. Notice bibliographique par M. Charles de Lovenjoul. *Paris, L. Conquet, G. Charpentier*, 1883, 2 vol. gr. in-8, fig., cart. Bradel, demi-rel., mar. bleu, non rog., couv. (*Champs*).

Exemplaire imprimé sur **papier du Japon**, contenant les compositions de E. Toudouze en **3 états** : Eau-forte pure avant et avec la lettre.
Envoi de l'éditeur.

383. **Gautier** (Théophile). Militona. Un portrait et dix compositions de Adrien Moreau, gravés par A. Lamotte. *Paris, Librairie Conquet*, 1884, in-8, fig., cart. Bradel, dos de mar. orange, tête dor., non rog., couv. (*Dupré*).

Exemplaire imprimé sur **papier du Japon**, contenant la suite des figures en double épreuve, avant et avec la lettre.
Exemplaire offert par l'éditeur à M. Giacomelli.

384. **Gautier** (Théophile). La Nature chez elle. Eaux-fortes de R. Bodmer. *Paris, Impr. de l'Illustration*, 1870, in-fol., fig., demi-rel., dos et coins mar. grenat, tête dor., ébarbé (*Dupré*).

Edition originale ; portrait de Th. Gautier gravé à l'eau-forte, ajouté.

385. **Gautier** (Théophile). La Nature chez elle, et Ménagerie intime. *Paris, G. Charpentier*, 1892, in-12, br., couv.

Un des **15** exemplaires imprimés sur **papier de Hollande**.

386. **Gautier** (Théophile). Œuvres. *Paris, G. Charpentier*, 1858-1877, 8 vol. in-12, 2 vol. br. et 6 vol. cart., dos et coins de perc. ébarbés. (*P. Vié*).

Voyage en Espagne, nouvelle édition, 1858. — Caprices et Zigzags. Deuxième édition. — La Belle Jenny (*Première édition*), 1865. — Tableaux de siège, Paris 1870-1871. Deuxième édition, 1872. — Les Jeunes France, 1873. — Portraits contemporains. Troisième édition, 1874. — Histoire du Romantisme. Troisième édition, 1877. — Emaux et Camées. Edition définitive, 1877.

387. **Gautier** (Théophile). Le Pavillon sur l'eau, compositions en couleurs de Henri Caruchet. *Paris, Librairie des Amateurs, A. Ferroud*, 1900, in-8 de 46 pages, cart. Bradel, dos et coins de mar. vert, fil., tête dor., non rog., couv. (*Dupré*).

Exemplaire imprimé sur **papier du Japon**, réservé pour M. Giacomelli.
Envoi de l'editeur.

388. **Gautier** (Théophile). Le petit chien de la Marquise, préface par Maurice Tourneux, vingt et un dessins de Louis Morin. *Paris, Librairie L. Conquet*, 1893, in-16, fig., cart. Bradel, dos et coins de mar. lilas, ébarbé, couv. (*Champs*).

Exemplaire sur papier vélin blanc, offert par l'éditeur à M. Giacomelli ; contenant les dessins rehaussés à l'aquarelle et le tirage à part en noir sur Chine de toutes les illustrations du texte.

389. **Gautier** (Théophile). Poésies complètes. *Paris, G. Charpentier*, 1875, 2 vol. in-12, cart., dos et coins de perc. bleue, ébarbés, couv.

Exemplaire imprimé sur **papier de Hollande**.

390. **Gautier** (Théophile). Le Roman de la Momie, quarante-deux compositions originales de Alex. Lunois, gravées au burin et à l'eau-forte par Léon Boisson. *Paris, Librairie L. Conquet, L. Carteret et Cie succrs*, 1901, in-8, fig., demi-rel., dos et coins de mar. vert olive, dos orné et mosaïqué, fil., tête dor., non rog., couv. (*Dupré*).

Exemplaire imprimé sur papier vélin du Marais, contenant un tirage à part de toutes les illustrations du texte.
Offert par l'éditeur à M. Giacomelli.

391. **Gautier** (Théophile). Spirite, nouvelle fantastique. *Paris, G. Charpentier*, 1866, in-12, papier vélin, cart., dos et coins perc. verte, non rog., couv. (*Paul Vié*).

Edition originale ; la couverture porte la date de 1865.

392. **Gautier** (Judith). Mémoires d'un Eléphant blanc, illustrations par M. Mucha, ornementation par P. Ruty. *Paris, Armand Colin*, 1894, in-4, fig., br., couv.

393. **Gavarni**. Masques et visages. *Paris, Paulin et Lechevalier*, 1857, pet. in-8, fig., cart., dos et coins de perc. verte, ébarbé, couv. (*Paul Vié*).

Les dessins de Gavarni sont interprétés en réduction par Godefroy-Durand.

394. **Gavarni**. Œuvres choisies, revues, corrigées et nouvellement classées par l'auteur. Etudes de mœurs contemporaines avec des notices en tête de chaque série, par MM. Théophile Gautier ; Laurent-Jan ; Lireux ; A. Barthet ; A. de Soubiran ; Stahl. *Paris,*

J. Hetzel et Garnier, 1846-1848, 4 vol. gr. in-8, fig., cart., avec les couvertures, tr. jaspées.

Exemplaire très frais du premier tirage.

395. **Gazette anecdotique**, littéraire, artistique et bibliographique, publiée par G. D'Heylli. *Paris, Librairie des Bibliophiles*, 1876-1891, 32 vol. in-12, cart., dos et coins toile grise, ébarbés.

396. **GAZETTE DES BEAUX-ARTS**. De l'Origine, 1859, au 1er Décembre 1881.

De 1859 à 1872, 26 volumes gr. in-8, cartonnés, non rognés. Le reste en livraisons. Tables de 1859 à 1863, 1 vol. cartonné.

397. **GIACOMELLI**. Birds and Flowers, vignettes in-4, cart., dos et coins de mar. rouge.

Collection unique de 120 **fumés**, tirés sur Chine, montés sur bristol.

398. **GIACOMELLI**. J. Michelet, L'Insecte, édition illustrée par Giacomelli, *Paris, Hachette et Cie*, 1876, gr. in-8, cart. Bradel, dos et coins de mar. brun.

Collection unique des **fumés**, tirés sur Chine, montés sur bristol. En tête comme titre, **aquarelle originale** de **Giacomelli**.

399. **GIACOMELLI**. Madame Michelet, Nature, (The Poetry of Earth and sea from the French with two hundred designs by Giacomelli). *London*, 1872, in-4, cart. Bradel, dos et coins de mar. vert.

Collection unique de **124 fumés**, tirés sur Chine, montés sur bristol.

400. **Giacomelli**. Raffet, son œuvre lithographique et ses eaux-fortes, suivi de la bibliographie complète des ouvrages illustrés de vignettes d'après ses dessins. *Paris, Bureaux de la Gazette des Beaux-Arts*, 1862, in-8, fig., mar. La Vall., fil. à froid, doublé de mar. La Vall. avec dent., tr. dor.

Exemplaire unique imprimé sur **papier de Chine** au nom de Madame H. Giacomelli.

401. **Giacomelli**. Raffet, son œuvre lithographique et ses eaux-fortes, suivi de la Bibliographie complète des ouvrages illustrés

de vignettes, d'après ses dessins. *Paris, Bureaux de la Gazette des Beaux-Arts*, 1862, gr. in-8, portr. et fig., demi-rel. dos et coins de mar. grenat, fil., tête dor., couv. (*Dupré*).

Edition originale.
Exemplaire imprimé sur **papier de Hollande**, au nom de **Théophile Gautier**, avec son ex-libris ; il contient des reproductions d'après des lithographies de Raffet.

402. **Giacomelli.** Raffet, son œuvre lithographique et ses eaux-fortes, suivi de la Bibliographie complète des ouvrages illustrés de vignettes, d'après ses dessins. *Paris, Bureaux de la Gazette des Beaux-Arts*, 1862, in-8, fig., br., couv.

Imprimé à 300 exemplaires.
Eaux-fortes inédites par Raffet, sur **Chine avant la lettre**.

403. **Giacomelli.** Raffet, son œuvre lithographique et ses eaux-fortes, etc. *S. l. n. d.*, in-8 en feuilles.

Exemplaire d'épreuves corrigées par l'auteur.

404. **Giacomelli.** Raffet, son œuvre lithographique et ses eaux-fortes, etc., in-8 en feuilles.

Exemplaire formé du premier tirage des bonnes feuilles.

405. **Gibson** (Charles-Dana). London as seen. *London, John Lane*, 1898, in-fol. oblong, cart.

Album contenant 47 planches.

406. **Gibson** (Charles-Dana). Pictures of people. *New-York, R.-H. Russel, London, John Lane, s. d.*, in-fol. oblong, planches, cart. dos de toile blanche.

Album contenant 84 planches.

407. **Gill** (André). La Muse à Bibi, suivie de l'art de se conduire dans la société des pauvres bougres. *Paris, Librairie des Abrutis* (*Impr. Dubuisson*), 1879, in-12, br., couv. illust.

Edition originale.

408. **Girardin** (Jules). Les Théories du Docteur Wurtz. *S. l. n. d.* (1870), plaquette in-8, demi-rel. dos et coins de chag. rouge, tête dor., non rog.

Extrait de la Revue des Deux Mondes.
Exemplaire contenant un portrait-charge, dessiné à la plume par J. Girardin.
Envoi de l'auteur à M. Giacomelli

409. **GOETHE**. Faust, tragédie, traduite en français par M. Albert Stapfer, ornée d'un portrait de l'auteur et de dix-sept dessins composés d'après les principales scènes de l'ouvrage et exécutées sur pierre par Eugène Delacroix. *Paris, chez Ch. Motte et Sautelet*, 1828, in-fol., fig., demi-rel. dos et coins de mar. vert, tête dor., non rog., couv. (*Dupré*).

Bel exemplaire du premier tirage avec la couverture.

410. **Goëthe**. Faust, tragédie, traduction d'Albert Stapfer, avec une préface de P. Stapfer. Dessins de J.-P. Laurens, gravés par Champollion. *Paris, Librairie des Bibliophiles*, 1885, gr. in-8, fig., br., couv.

Exemplaire imprimé sur **papier de Hollande** (format Soleil), contenant les gravures en double épreuve, avec et avant la lettre.
Envoi de l'éditeur à M. Giacomelli.

411. **Goëthe**. Les Souffrances du jeune Werther, traduction nouvelle par Madame Bachellery, avec une préface par Paul Stapfer. Eaux-fortes de Lalauze. *Paris, Librairie des Bibliophiles*, 1886, in-8, fig., br., couv.

Exemplaire imprimé sur **papier Whatman**, contenant les eaux-fortes en double épreuve, avec et avant la lettre.
Envoi de l'éditeur à M. Giacomelli.

412. **Goetschy** (Gustave). Les Jeunes peintres militaires. De Neuville. — Detaille. — Dupré. Préface de E. Bergerat. *Paris, L. Baschet*, 1878, in-fol., vignettes dans le texte et planches hors texte, en feuilles dans le cart. de l'éditeur.

Un des **50** exemplaires imprimés sur **papier de Hollande**, contenant les planches hors texte sur **papier de Chine**, avant la lettre.

413. **Goldsmith**. Le Vicaire de Wakefield, traduction de Charles Nodier. Quatrième édition, illustrée par Jacques. *Paris, E Blanchard*, 1853, 2 vol. pet. in-8 carré, fig., br., couv.

De la Collection du Nouveau magasin des enfants.

414. **Goldsmith**. Le Vicaire de Wakefield, traduction, préface et notes, par Ch. Nodier. Nouvelle édition. Eaux-fortes par Ad. Lalauze. *Paris, Librairie des Bibliophiles*, 1888, 2 vol. in-8, fig., br., couv.

Exemplaire imprimé sur **papier Whatman**, contenant les eaux-fortes en double épreuve, avec et avant la lettre.
Envoi de l'éditeur à M. Giacomelli.

415. **Goncourt** (Edmond et Jules de). L'Amour au XVIIIe siècle. *Paris, E. Dentu*, 1875, in-12 carré, texte encadré, front. de Boilvin, gravé à l'eau-forte, br., couv.

Première édition séparée d'un chapitre de la *Femme au XVIIIe siècle.*

416. **GONCOURT** (Edmond et Jules de). L'Art du XVIIIe siècle. *Paris E. Dentu*, 1875, in-4, dessins gravés à l'eau-forte, demi-rel. dos et coins de mar. rouge, tête dor., ébarbé (*Dupré*).

Études sur Watteau, Chardin, Boucher, La Tour, Greuze, Les Saint-Aubin, Les Vignettistes, Gravelot, Cochin, Eisen, Moreau, Debucourt, Fragonard, Prudhon.
Notes, additions, errata.
Édition originale publiée de 1859 à 1868, tirée à 200 exemplaires, les cuivres détruits après le tirage.

417. **Goncourt** (Edmond et Jules de). La Femme du XVIIIe siècle. Nouvelle édition, revue et augmentée. *Paris, G. Charpentier*, 1877, in-12, br.

A Giacomelli, au délicat dessinateur de la fleur et de l'oiseau, son admirateur. EDMOND DE GONCOURT.

418. **Goncourt** (Edmond et Jules de). Gavarni, l'homme et l'œuvre. *Paris, H. Plon*, 1873, in-8, portr., cart. dos et coins de perc. bleue, non rog., couv.

Portrait de Gavarni gravé à l'eau-forte par Flameng, d'après un dessin de l'artiste.

419. **Goncourt** (Edmond et Jules de). Histoire de la Société française pendant la Révolution et pendant le Directoire. *Paris, G. Charpentier*, 1880, 2 vol. in-12, br.

Exemplaires imprimés sur **papier de Hollande**.

420. **Goncourt** (Edmond et Jules de). Histoire de Marie-Antoinette. Édition ornée d'encadrements à chaque page, par Giacomelli et de douze planches hors texte, reproductions d'originaux du XVIIIe siècle. *Paris, G. Charpentier*, 1878, in-4, fig., demi-rel. dos et coins de mar. orange, tête dor., non rog. (*Dupré*).

Premier tirage des illustrations de Giacomelli, comprenant les encadrements de pages ornés de fleurs et d'oiseaux, tirés en bistre.
Cet exemplaire contient page 96, une 14e planche hors texte, non citée dans la table de l'ouvrage : Un Bol-sein de la Laiterie de Trianon, vase de Sèvres, reproduit par la photochromie Vidal.

421. **Goncourt** (Edmond et Jules de). Madame Gervaisais. *Paris. A. Lacroix, Verboeckhoven*, 1869, in-8, cart. dos et coins de perc. olive, non rog., couv.

Edition orignale.

422. **Goncourt** (Edmond et Jules de). Les Maitresses de Louis XV. Lettres et documents inédits. *Paris, Firmin-Didot frères*, 1860, 2 vol. in-8, cart. dos et coins de perc. orange, non rog., couv.

Edition originale.

423. **Goncourt** (Edmond et Jules de). Œuvres. *Paris, Alphonse Lemerre*, 1875-76, 3 vol. pet. in-12, portr., br.

Germinie Lacerteux. — Sœur Philomène. — Renée Mauperin.

424. **Goncourt** (Edmond de). Catalogue de l'œuvre peint, dessiné et gravé de P.-P. Prud'hon. *Paris, Rapilly*, 1876, in-8, portr., br.

Edition originale.
Envoi de M. Edmond de Goncourt à M. Giacomelli.

425. **Goncourt** (Edmond de). Mademoiselle Clairon, d'après sa correspondance, etc. *Paris, G. Charpentier*, 1890, in-12, br., couv.

Edition originale.
Exemplaire imprimé sur **papier de Hollande**.

426. **Goncourt** (Edmond de). La Maison d'un artiste. *Paris, G. Charpentier*, 1881, 2 vol. in-12, br., couv.

Edition originale.
Un des **10** exemplaires imprimés sur **papier de Chine**.
Envoi de M. Edmond de Goncourt à M. Giacomelli.

427. **GONCOURT** (Journal des). Mémoires de la vie littéraire. *Paris, G. Charpentier*, 1887-1896, 9 vol. in-12, br., couv.

Edition originale.
Exemplaire imprimé sur **papier de Hollande**, contenant la page 235 du tome IX non cartonnée.

428. **Gonse** (Louis). L'Œuvre de Jules Jacquemart. *Paris, Gazette des Beaux-Arts*, 1876, gr. in-8, portrait et fig., dans le texte et

planches hors texte, cart., dos et coins de perc. verte, non rog., couv.

Exemplaire imprimé sur **grand papier de Hollande**, contenant à la suite l'appendice publiée en 1881.
Le faux-titre porte l'envoi suivant :
A l'aimable et spirituel inventeur de tant de jolies compositions.
M. Giacomelli hommage bien affectueux. L. G.
En tête on a ajouté un article nécrologique signé Burty.

429. **Gréard** (O.). Jean-Louis-Ernest Meissonier. Ses Souvenirs, ses entretiens, précédés d'une étude sur sa vie et son œuvre. *Paris, Librairie Hachette et Cie*, 1897, gr. in-8, fig., cart. Bradel, dos et coins de mar. noir, non rog., couv. illust. (*Carayon*).

Ouvrage illustré de 20 planches en taille-douce, de 18 planches en couleurs et de 250 gravures dans le texte.
Un des **10** exemplaires imprimés sur **papier du Japon**.

430. **Greenaway** (Kate). Albums, 4 vol. in-4 et in-8, cart.

The Baby's bouquet. — Mother Goose. — A Painting Book. — La Lanterne magique.

431. **Gresset.** Œuvres. *Paris, E. Houdaille*, 1839, in-8, fig., cart. toile rouge.

Portrait de Gresset et 9 planches hors texte gravées d'après Laville et Meissonier par Lacoste.
Premier tirage des illustrations.

432. **Guiffrey** (Jules). Histoire de la Tapisserie depuis le moyen âge jusqu'à nos jours. *Tours, Alfred Mame et fils*, 1886, gr. in-8, fig., br., couv.

Exemplaire imprimé sur **grand papier de Hollande**.

433. **Guiffrey** (Jules). L'Œuvre de Ch. Jacque. Catalogue de ses eaux-fortes et pointes sèches. *Paris, Melle Lemaire*, 1866, in-8, front. gr., cart. Bradel, dos et coins de mar. vert foncé, fil., tête dor., couv. (*Dupré*).

Exemplaire interfolié de papier blanc quadrillé, portrait de M. Ch. Jacque, gravé sur bois remonté sur Chine, ajouté.

434. **Guiffrey** (Jules). L'Œuvre de Ch. Jacque. Catalogue de ses eaux-fortes et pointes sèches. *Paris, Melle Lemaire*, 1866, in-8, fig., br.

Exemplaire avec un supplément publié en 1884, br. in-8.

435. **Halévy** (Ludovic). L'abbé Constantin, illustré par Madame Madeleine Lemaire. *Paris, Calmann Lévy, Boussod, Valadon*, 1888, gr. in-8, fig., cart. Bradel, dos et coins de mar. bleu, non rog., couv. (*Champs*).

Exemplaire imprimé sur **papier du Japon**, avec une double suite des figures hors texte en couleur.

436. **Halévy** (Ludovic). Deux Mariages. Un grand mariage. Un mariage d'amour. *Paris, Calmann Lévy*, 1883, in-12, portrait demi-rel. dos et coins de mar. grenat, tête dor. ébarbé (*Dupré*).

Exemplaire imprimé sur **papier de Hollande**.
A M. Giacomelli. Souvenir affectueux. L. Halévy.
On y joint : Princesse ; Notes et souvenirs 1871-1872. *Paris, Calmann Lévy*, 1887-1889, 2 vol. in-12, br.

437. **Halévy** (Ludovic). La Famille Cardinal, compositions de Charles Léandre, gravées à l'eau-forte par Louis Muller. *Paris, Émile Testard*, 1892, gr. in-8, fig., cart. Bradel, dos et coins de mar. violet, fil., tête dor., couv. (*Dupré*).

438. **Halévy** (Ludovic). Karikari. Aquarelles d'après Henriot. *Paris, Librairie L. Conquet*, in-16, fig., cart. Bradel, dos et coins de mar. vert, ébarbé, couv. (*Champs*).

Exemplaire sur **papier du Japon**.
Offert par l'éditeur à M. Giacomelli.

439. **Halévy** (Ludovic). Mariette. Quarante compositions de Henry Somm. *Paris, Librairie L. Conquet*, 1893, in-8, fig., cart. Bradel, dos et coins de mar. vert clair, tête dor., non rog., couv.

Exemplaire imprimé sur **papier du Japon**, avec les encadrements peints à l'aquarelle, et le tirage à part en bistre de ces encadrements.
Envoi de l'éditeur et lettre de M. H. Somm, adressée à M. Giacomelli.
Aquarelle originale de **Henri Somm** comme faux-titre.

440. **Halévy** (Ludovic). Trois coups de foudre. Dix dessins de Kauffmann, gravés par T. de Mare. *Paris, Librairie L. Conquet*, 1886, in-16, fig., cart. Bradel, dos et coins de mar. vert à longs grains, ébarbé, couv. (*Dupré*).

Frontispice, 3 grandes gravures, 3 en-têtes et 3 culs-de-lampe.
Exemplaire imprimé sur **papier du Japon**.
Offert par l'éditeur à M. Giacomelli.

441. **Hamilton** (Antoine). Mémoires du comte de Grammont. Un portrait de A. Hamilton et trente-trois compositions de C. Delort,

gravés au burin et à l'eau-forte par L. Boisson. *Paris, L. Conquet*, 1888, gr. in-8, fig., cart. Bradel, dos et coins de mar. grenat, non rog., couv.

Exemplaire imprimé sur papier vélin contenant un tirage à part, avant toute lettre, des illustrations.

442. **Hanotaux** (Gabriel) et Georges **Vicaire**. La Jeunesse de Balzac. Balzac imprimeur, avec trois estampes et deux portraits gravés sur bois, par A. Lepère. *Paris, Librairie des Amateurs, F. Ferroud*, 1903, in-8, br., couv.

Exemplaire sur papier vélin d'Arches.

443. **Hennique** (Léon). Deux Patries, drame en cinq tableaux dont un prologue. Nouvelle édition illustrée de compositions originales par Bertrand, gravées au burin et à l'eau-forte par Léon Boisson. *Paris, Librairie L. Conquet, L. Carteret et Cie, succrs*, 1903, gr. in-8, fig., br., couv.

Exemplaire imprimé sur **papier du Japon**, contenant un tirage à part avant la lettre avec remarque des illustrations du texte.

444. **Hennique** (Léon). Le Songe d'une nuit d'Hiver. Pantomime inédite. Dix compositions de Jules Chéret, gravées à l'eau-forte par Bracquemond. *Paris, Librairie des Amateurs, A. Ferroud*, 1903, in-12, fig., br., couv.

Exemplaire imprimé sur papier vélin d'Arches, contenant deux états des eaux-fortes dont l'état avec remarque.

445. **Henry IV**. Lettres intimes, avec une introduction et des notes par L. Dussieux. *Paris, Baudry; Versailles, Cerf*, 1876, in-8, port., br.

Exemplaire imprimé sur **papier de Chine** (no 1), au nom de M. H. Giacomelli.

446. **Henry IV**. Quelques lettres relatives à la Touraine, publiées par le prince Aug. Galitzin. *Tours, Impr. Mame*, 1860, in-8 de 76 pages, br., couv.

Publication de la *Société des Bibliophiles de Touraine*, tirée à 180 exemplaires.
Envoi de l'éditeur à M. Giacomelli.

447. **Henriet** (Frédéric). C. Daubigny et son œuvre gravé. Eaux-fortes et bois inédits par C. Daubigny, Karl Daubigny, Léon

Lhermitte. *Paris. A. Lévy*, 1875, gr. in-8, fig. gravées à l'eau-forte, cart. dos et coins de perc. olive, non rog., couv.

Envoi d'auteur à M. Giacomelli et 8 lettres autographes relatives à la publication du livre, ajoutées.

448. **Henriet** (Frédéric). Le Paysagiste aux champs, croquis d'après nature. *Paris. Achille Faure*, 1866, gr. in-8, fig., cart. dos et coins de perc. vert olive, non rog., couv. (*Paul Vié*).

12 eaux-fortes hors texte par Péquégnot, L. Lhermitte, L. et A. Desbrosses, Portier, Corot, Max. Lalanne, etc.
Exemplaire imprimé sur **grand papier de Hollande**, avec double suite des gravures, dont une avant la lettre.

449. **Henriot**. L'Année parisienne, texte et dessins. *Paris, Librairie L. Conquet*, 1894, in-16, fig., cart. Bradel, dos et coins de mar. vert à longs grains, non rog., couv. (*Champs*).

Tirage unique à 300 exemplaires sur papier vélin non mis dans le commerce.

450. **Henriot**. Napoléon aux Enfers. Illustrations par l'auteur. *Paris. Librairie L. Conquet*, 1895, in-12, fig., cart., dos et coins toile grenat, ébarbé, couv. illust. (*Paul Vié*).

Ouvrage imprimé à 400 exemplaires, dont 100 seulement mis dans le commerce.
Exemplaire offert par l'éditeur à M. Giacomelli.

451. **Hérédia** (José Maria de). Les Trophées. *Paris, Alph. Lemerre*, 1893, in-12, cart., dos et coins de percal. grenat, ébarbé, couv. (*P. Vié*).

Edition originale in-12.

452. **Hervieu** (Paul). Peints par Eux-mêmes.—L'Armature. *Paris. Alph. Lemerre*, 1893-1895, 2 vol. in-12, br., couv.

Editions originales.
Le premier ouvrage contient un envoi de l'auteur à M. Giacomelli, et un article critique de M. Henri Lavedan.

453. **Hervilly** (Ernest d'). Les Bêtes à Paris, 36 sonnets, illustrés par G. Fraipont. *Paris. H. Launette, s. d.* (1886), in-4 de 36 ff. en feuilles sous couv. illust.

Exemplaire imprimé sur **papier du Japon.**

454. **Highways and Byways** or saunterings in new England by William Hamilton Gibson. *New-York. Harper et Brothers*, 1883, in-4, fig., cart. toile, fers spéciaux, tr. dor.

455. **Hingston** (W. H. G.). Stories of animal sagacity, with sixty illustrations by Harrison Weir. *London. T. Nelson*, 1874. pet. in-8, fig., cart. anglais, tr. dor.

456. **Histoire des Quatre fils Aymon** très nobles et très vaillants chevaliers, illustrée de compositions en couleurs par Eugène Grasset. Gravure et impression par Charles Gillot, introduction et notes par Charles Marcilly. *Paris, H. Launette*, 1883, in-4, fig., demi-rel. dos et coins, mar. grenat, tête dor. ébarbé, couv. (*Marius Michel*).

457. **Holbein** (Hans). La Danse des morts, gravée sur pierre par Joseph Schlotthauer, expliquée par Hippolyte Fortoul. *Paris, J. Labitte, s. d.* (1842), in-16, fig., mar. rouge, dos orné, compart. sur les plats, dent. int., tr. dor. (*Andrieux*).

La réimpression des *Simulachres de la mort* d'après la première édition donnée à Lyon en 1538, occupe les pages 179-252 et contient 153 figures hors texte, tirées sur Chine.

458. **Hoff** (Le Major) (*Jules Richard*). Les Grandes manœuvres, illustrations par Édouard Detaille. *Paris, Boussod, Valadon et Cie*, 1884, in-fol. de 32 pages, fig., cart., dos et coins, toile verte, recouvert de la couv. illust.

Album inédit contenant 25 dessins et 5 planches hors texte.
Exemplaire imprimé sur **papier du Japon**.
Envoi de l'éditeur à M. Giacomelli.

459. **Hoffmann**. Contes fantastiques, traduction nouvelle, précédés de souvenirs intimes sur la vie de l'auteur par P. Christian. Illustrés par Gavarni. *Paris, Lavigne*, 1843, fig., demi-rel. mar. vert olive, fil. sur le dos et les plats, tr. dor. (*Dupré*).

Première édition, contenant les illustrations de Gavarni.

460. **Hoffmann**. Contes fantastiques, traduction de Loëve Veimars, avec une préface par G. Brunet. Onze eaux-fortes par Ad. Lalauze. *Paris, Librairie des Bibliophiles*, 1883, 2 vol. in-8, fig., br., couv.

Exemplaire imprimé sur **papier Whatman**, contenant les gravures en double épreuve avec et avant la lettre.
Envoi de l'éditeur à M. Giacomelli.

461. **Hommes d'aujourd'hui** (Les). Publication illustrée de portraits-charge en couleurs, dessinés, par nos principaux artistes, avec biographies anecdotiques de Pierre et Paul. *Paris, Léon*

Vanier, s. d., 6 tomes en 3 vol., gr. in-8, cart. Bradel, dos et coins toile grenat, ébarbés.

312 numéros ; dessins de André Gill ; Grévin ; Silvestre ; Demare ; Brédey ; Choubrac ; Job ; Emile Cohl, etc.

462. **Houssaye** (Arsène). Voyage à ma fenêtre. *Paris, Victor Lecou, s. d.*, (1851), gr. in-8, front. et fig., demi-rel., dos et coins de mar. bleu, tête dor., ébarbé (*Dupré*).

Exemplaire du premier tirage, figures de Veyrassat, Diaz, Johannot.

463. **Houssaye** (Henry). La Charge, tableau de bataille, dessin d'Edouard Detaille. *Paris, Perrin*, 1894, in-12 de 42 pages, cart., dos et coins de perc. verte.

Edition originale.
Exemplaire imprimé sur **papier de Hollande**, avec le frontispice en double épreuve.
Sur le faux-titre l'envoi suivant : *Simple carte de visite (sur papier de Hollande) à mon grand ami Alexandre Dumas.* HENRY HOUSSAYE.

464. **Houssaye** (Henry). 1814, 1 vol. — 1815. La Première Restauration, le Retour de l'Ile d'Elbe, Les Cent Jours, Waterloo. 2 vol. *Paris, Perrin et Cie*, 1888-1898, 3 vol. in-8, br.

465. **Hugo** (Victor). L'Art d'être grand-père. *Paris, Société anonyme de publications périodiques*, 1884, in-4, fig., en feuilles renfermé dans le cartonnage de l'éditeur, toile rouge, fers spéciaux.

Première édition contenant les illustrations de MM. Jean-Paul Laurens, Giacomelli ; Fremiet ; Adrien Marie ; Bayard ; Bac ; Habert-Dys ; Gosselin ; Mouchot ; Benett ; Claire Guyot ; Dascher ; Méaulle, etc.
Exemplaire imprimé sur **papier du Japon.**

466. **Hugo** (Victor). Châtiments, 1853. *Genève et New-York* (*St-Hélier, Imprimerie universelle*), in-32, mar. rouge jans., dent. int., tête dor. (*R. Petit*).

Première édition complète.

467. **Hugo** (A.). Histoire de l'Empereur Napoléon. *Paris, Perrotin*, 1833, in-8, fig., br., couv.

Texte encadré d'un double filet noir. Les vignettes dans le texte sont gravées sur bois par Brévière, Lacoste, etc.

468. **HUGO** (Victor). **Notre-Dame de Paris**. Edition illustrée d'après les dessins de MM. E. de Beaumont, L. Boulanger, Daubigny, E. Johannot, de Lemud, Meissonier, C. Roqueplan, de Rudder, Steinheil, gravés par les artistes les plus distingués. *Paris, Perrotin et Garnier frères*, 1844, gr. in-8, fig., demi-rel., dos et coins de mar. grenat, dos orné, fil., tête dor., ébarbé, couv. (*Dupré*).

Ouvrage illustré de 55 gravures sur acier et sur bois hors texte, et d'un grand nombre de bois dans le texte.

Bel exemplaire avec la **couverture illustrée**, imprimée sur **papier jaune** ; le titre porte au-dessous de la cathédrale une chauve-souris.

On y a ajouté un portrait de Victor Hugo, d'après la lithographie de Deveria de 1828.

Une héliogravure, d'après un dessin inédit de Tony Johannot.

Figures d'après Raffet. (La Cruche cassée, Phœbus et Dom Claude), épreuves sur Chine.

Une figure de Meissonier (Louis XI à la Bastille) en double épreuve : avec et **avant la lettre sur Chine**.

469. **Hugo** (Victor). Notre-Dame de Paris. *Paris, Emile Testard*, 1889. 2 vol. in-4, fig., mar. rouge jans., dent. int., tr. dor., couv.

Exemplaire imprimé sur **papier du Japon**, contenant **2 états** des eaux-fortes gravées par Géry-Bichard, d'après les compositions de Luc-Olivier Merson, avec les 2 planches refusées.

En tête du premier volume est ajouté un titre inédit, **dessin original** de **L.-O Merson,** avec la signature de Victor Hugo et en tête du tome second **25 croquis originaux** et **3 feuilles d'études** faites pour cet ouvrage par **L.-O. Merson**.

470. **Hugo** (Victor). Œuvres. *Paris, Alph. Lemerre*, 1875-76, 6 vol. in-12, br.

Théâtre, 4 vol. — Les Châtiments. — L'Année terrible.

471. **Hugo** (Victor). Œuvres poëtiques. Edition elzévirienne, ornements, par E. Froment. *Paris, J. Hetzel*, 1869-1870, 10 vol., in-18, demi-rel., dos et coins de mar. grenat, têtes dor., ébarbés, (*Dupré*).

Odes et Ballades ; Les Orientales ; Les Feuilles d'automne ; Les Chants du Crépuscule ; Les Voix intérieures ; Les Rayons et les Ombres ; Les Contemplations ; La Légende des siècles ; Les Chansons des Rues et des Bois.

Exemplaire imprimé sur **papier de Chine**.

A M. Giacomelli. VICTOR HUGO.

472. **Hugo** (Victor). Poésies et romans. Collection Hetzel et Lecou. *Paris, Hachette et Cie*, 1857, 9 vol. in-16, cart., dos et coins de perc. bleue, ébarbés, couv.

Les Rayons et les Ombres. — Les Feuilles d'Automne. — Odes et Ballades, 2 vol. — Les Voix intérieures. — Les Chants du Crépuscule. — Les Orientales. — Le Beau Pécopin. — Le Dernier jour d'un condamné.

473. **Hugo** (Victor). Le Retour de l'Empereur. *Paris, Furne et Delloye, s. d.*, (1841), in-18, cart., perc. grise, non rog.

Première édition in-18.

474. **Hugo** (Victor). Ruy-Blas, drame en cinq actes. Un portrait et quinze compositions de Adrien Moreau, gravés à l'eau-forte par Champollion. *Paris, Librairie L. Conquet*, 1889, gr. in-8, fig., mar. rouge à longs grains, tr. dor., couv. (*Champs*).

Exemplaire imprimé sur **papier vélin du Marais**, contenant le tirage à part des figures, en épreuves avant la lettre.
Envoi de l'éditeur à M. Giacomelli.

475. **Hugo** (Victor). Hernani, drame en cinq actes. Un portrait d'après Devéria, et quinze compositions de Michelena, gravés à l'eau-forte par Boisson. *Paris, Librairie L. Conquet*, in-8, fig., mar. bleu à longs grains, dos orné, fil., tr. dor. couv. (*Champs*).

Exemplaire imprimé sur **papier vélin du Marais**, contenant le tirage à part des figures, en épreuves avant la lettre.
Envoi de l'éditeur à M. Giacomelli.

476. **Hugo** (Victor). Les Travailleurs de la Mer. Illustrations de Daniel Vierge. *Paris, Librairie illustrée*, 1876, gr. in-8, fig., br., couv.

Exemplaire sur **papier vélin teinté**, contenant le premier tirage des illustrations de Daniel Vierge, auquel on a ajouté 5 **fumés** sur Chine volant et une **aquarelle originale** représentant Gilliat mort étendu sur un rocher, avec la légende : *De Profundis ad Altum.*

477. **Hurtado de Mendoza**. Vie de Lazarille de Tormès. Tirage à part des vignettes intercalées dans le texte. *Paris, H. Launette*, 1886, gr. in-8, cart. Bradel dos et coins de mar. violet, fil., tête dor., non rog., couv. (*Dupré*).

Exemplaire sur **papier du Japon**

478. **Imitation de Jésus-Christ** (L'). Traduction nouvelle par l'Abbé F. de Lamennais. *Tours, Alfr. Mame et fils*, 1867, gr. in-8, fig., mar. rouge, compart. mosaïqués de mar. noir et violet, enlacés avec fil., doublé de mar. rouge, semis de fleurs dor. aux petits fers, gardes de soie moirée rouge, tr. dor. (*Alfr. Mame et fils*).

Bel exemplaire imprimé sur papier vergé.

479. **Imitation de Jésus-Christ** (Les Quatre livres de l'). Traduction de Michel de Marillac, publiée par les soins de D. Jouaust, préface par M. E. Caro, dessins hors texte par Henry Lévy, gravés à l'eau-forte par Valtner, ornem. par H. Giacomelli. *Paris, Librairie des Bibliophiles*, 1875, gr. in-8, fig., br., couv.

Exemplaire imprimé sur **papier de Hollande** (format Soleil), contenant les gravures en double épreuve, avec et avant la lettre.
Longue note de l'éditeur sur un feuillet de garde, remerciant M. Giacomelli de sa participation à l'exécution de ce livre.

480. **Imitation de Jésus-Christ** (L'). Traduction de Michel de Marillac, compositions par J.-P. Laurens, gravées à l'eau-forte par Léopold Flameng. *Paris, A. Quantin*, 1878, in-8, fig., demi-rel. dos et coins de mar. rouge, tête dor., non rog., couv. (*Dupré*).

Exemplaire imprimé sur **papier de Chine**, texte encadré d'un filet rouge, dix figures hors texte, en double état, avec et avant la lettre.

481. **Jaccaci** (F.). Au Pays de Don Quichotte. Souvenirs rapportés par Auguste-F. Jaccaci (Préface d'Arsène Alexandre), illustrés par Daniel Vierge. *Paris, L. Hachette et Cie*, 1901, gr. in-8, fig., demi-rel. dos et coins de mar. vert olive, dos orné, tête dor., non rog., couv. (*Dupré*).

482. **Jacque** (Ch.). Le Poulailler. Monographie des poules indigènes et exotiques, texte et dessins par Ch. Jacque, gravures sur bois par Adrien Lavieille. *Paris, Librairie agricole de la Maison rustique*, 1858, in-8, fig., demi-rel. dos et coins de mar. grenat, tête dor., non rog. (*Dupré*).

Edition originale.

483. **Janin** (Jules). Béranger et son temps. *Paris, René Pincebourde*, 1866, in-12, portr. de Béranger et de J. Janin par Staal, gravés à l'eau-forte, demi rel. dos et coins de mar. fauve, dos orné, fil., tête dor., ébarbé (*Andrieux*).

Exemplaire imprimé sur **grand papier de Hollande**, contenant les portraits en double épreuve.
Envoi de M. Jules Janin à M. Giacomelli.

484. **Janin** (Jules). Le Livre. *Paris, Henri Plon*, 1870, in-8, br., couv.

Edition originale.
Pour le Maître Giacomelli, son grand ami. J.-J.

485. **Janin** (Jules). La Bretagne, illustrée par MM. H. Bellangé, Gigoux, Gudin, Isabey, Morel Fatio, etc. *Paris, Bourdin, s. d.* (1844), gr. in-8, fig. dans le texte et hors texte, demi-rel. mar. rouge, dos orné, tête dor., non rog., couv.

Exemplaire du premier tirage.

486. **Janin** (Jules). La Normandie, illustrée par MM. Morel Fatio, Tellier, Gigoux, Daubigny, etc. *Paris, Ern. Bourdin, s. d.* (1844), gr. in-8, fig., demi-rel. mar. rouge, tête dor., non rog., couv.

Piqûres d'humidité.

487. **Janin** (Jules). Œuvres diverses, publiées sous la direction de M. Albert de La Fizelière. *Paris, Librairie des Bibliophiles*, 1876-1883, 20 vol. in-12, fig. de Lalauze, Hédouin, br., couv.

L'Ane mort. — Mélanges et Variétés, 2 vol. — Contes et Nouvelles, 2 vol. — Critique dramatique, 4 vol. — Correspondance. — Barnave, 2 vol. — Horace, 2 vol. — Debureau. — Petits romans, petits mélanges, petits contes, petite critique, petits souvenirs, 5 vol.
Exemplaires imprimés sur **papier de Hollande**.
Envoi de l'éditeur à M. Giacomelli.

488. **Janin** (Jules). Œuvres. 7 vol. in-12, br. et cart.

Ovide ou le poète en exil. *Paris, Claye*, 1858, demi-rel. dos et coins de chag. rouge. — La Fin d'un Monde et du Neveu de Rameau. *Paris, Hetzel*, 1861. — Circé. *Paris, Ach. Faure*, 1867. — Lamartine, 1790-1869. *Paris, Jouaust*, 1869, port. — Alexandre Dumas. *Paris, Jouaust*, 1871, port. — Les Deux Discours de Jules Janin à l'Académie française. *Paris, Librairie des Bibliophiles*, 1872. — François Ponsard. *Paris, Librairie des Bibliophiles*, 1872, portr.
Editions originales.
La plupart des volumes portent un envoi d'auteur à M. Giacomelli.

489. **Kleist** (Henri de). La Cruche cassée, comédie en un acte, traduite de l'allemand par Alfred de Lostalot, avec 34 illustrations gravées sur bois d'après les compositions originales de Adolphe Menzel. *Paris, Firmin-Didot*, 1884, in-4, fig., cart. recouvert de la couv. illust.

490. **KNIP** (Mme) (née Pauline de Courcelles). Les Pigeons, le texte par C.-J. Themminck. *Paris*, 1811-1843, 2 vol. gr. in-fol., planches color., rel.

Le premier volume contient 87 planches en couleurs (le titre imprimé de l'ouvrage manque). il est relié en mar. bleu à longs grains, avec large dent. à compart., doublure et gardes en moire rose, tr. dor.

Le second volume contient 60 planches en couleurs, avec texte par Florent Prévost, il est en demi-rel. dos et coins de mar. bleu, plats toile, tr. dor., avec le chiffre du roi Louis-Philippe.

491. **Krul** (Jean Hermans). Pampière Wereld oste Wereldsche Oeffeninge, Waer in begrepen zijn meest alle de Rijmen en Werken. *Amsteldam*. 1681. 2 parties en 1 vol. in-4, fig., cart.

492. **Kugler** (Franz) von Adolf Menzel. Geschichte Friedrichs des Groszen. *Leipzig. Hermann Mendelssohn*. 1876. gr. in-8. fig., demi-rel. dos et coins de mar. bleu. tête dor., non rog., couv. (*Dupré*).

493. **LA BORDE**. Choix de chansons, mises en musique, ornées d'estampes par J.-M. Moreau. *Paris, chez de Lormel, imprimeur de l'Académie royale de musique*, 1773, 2 tomes en 1 vol. in-8 (tomes 1 et 2e), fig. et musique gravées, veau marb., tr. rouges (*Rel. anc.*).

Le Tome Ier contient le portrait de La Borde dit « à la Lyre », gravé par Masquelier d'après Denon.

Exemplaire complété, par les tomes 3 et 4 de la réimpression faite en 1881 par l'éditeur Lemonnyer, 2 vol. in-8, br.

494. **La Bruyère**. Les Caractères, avec dix-huit gravures à l'eau-forte par V. Foulquier. *Tours, Alfr. Mame et fils*. 1867, gr. in-8, portrait et fig., demi-rel. dos et coins de mar. olive, dos orné, fil., tête dor. ébarbé, couv.

Portrait de La Bruyère, hors texte et 17 eaux-fortes rapportées dans le texte.

Premier tirage des illustrations de V. Foulquier. Exemplaire imprimé sur **grand papier vergé de Hollande**.

495. **La Bruyère**. Les Caractères, ou les mœurs de ce siècle, précédés des caractères de Théophraste, traduits du grec, texte revu sur la neuvième édition originale de 1696, avec une notice et des notes par Charles Asselineau. *Paris, Alph. Lemerre*, 1872, 2 vol. in-8, portrait, br., couv.

Exemplaire imprimé sur **papier de Hollande**, avec le portrait en double épreuve.

496. **La Combe** (de). Charlet, sa vie, ses lettres ; suivi d'une description raisonnée de son œuvre lithographique. *Paris, Paulin*

et Le Chevalier. 1856, in-8, portrait, demi-rel. dos et coins de mar. rouge, tête dor.

Exemplaire auquel on a joint 7 lettres autographes du Colonel de La Combe, Dauzats, Brizard, adressées à M. Giacomelli, relatives à l'étude d'une organisation d'une exposition des œuvres de Charlet, à l'Exposition Universelle de Londres en 1862. Section française.

497. **Lacombe** (J.-B.). Chansons. *Paris, L. Cerf*. 1888, in-12, br., couv.

Exemplaire imprimé sur **papier du Japon**.

A Hector Giacomelli, son vieux et bien sincère ami.

J.-B. Lacombe.

La couverture est illustrée par Giacomelli.

498. **Lacroix** (Paul). Les Arts au moyen âge et à l'époque de la Renaissance. Ouvrage illustré de dix-sept planches chromolithographiques exécutées par Kellerhoven et de quatre cents gravures sur bois. *Paris, Firmin Didot frères*, 1869, gr. in-8, fig., demi-rel. dos et coins de mar. rouge, tête dor. ébarbé (*Smeers*).

Exemplaire imprimé sur **grand papier vélin**.

499. **Lacroix** (Paul). Ma République, précédée d'un à propos de l'auteur. Sept eaux-fortes originales de Ed. Rudaux. *Paris, Librairie L. Conquet, L. Carteret et Cie, succrs*, 1902, pet. in-8, fig., demi-rel. dos et coins de mar. bleu, dos orné, tête dor., couv. (*Dupré*).

Exemplaire imprimé sur **papier du Japon**, contenant les figures en double épreuve : avant la lettre et avec le nom de l'artiste.

Envoi de l'éditeur à M. Giacomelli.

500. **La Fontaine**. Contes publiés par D. Jouaust, avec une préface de Paul Lacroix, dessins d'Ed. de Beaumont, gravés à l'eau-forte par Boilvin. *Paris, Librairie des Bibliophiles*, 1885, 2 vol. in-8, fig., demi-rel. dos et coins de mar. citron, fil. à froid, têtes dor., non rog., couv. (*Dupré*).

Exemplaire imprimé sur **grand papier Whatman**, contenant la suite des figures en double épreuve avant la lettre.

A mon fidèle et dévoué Giacomelli dont le souvenir est inséparable de tout ce que je publie. D. Jouaust.

501. **La Fontaine**. Fables, illustrées par J.-J. Grandville. Nouvelle édition. *Paris, H. Fournier aîné*, 1839, 2 vol. in-8, fig., demi-

rel. dos et coins de mar. vert. dos ornés. fil., têtes dor., non rog. (*Champs*).

Exemplaire contenant la suite des 120 figures de Granville, en double épreuve sur vélin et sur **Chine**.

502. **La Fontaine.** Fables, publiées par D. Jouaust, avec une introduction par Saint-René Taillandier, ornées de douze dessins originaux de Bodmer, J.-L. Brown, F. Daubigny, Detaille, Gérome, L. Leloir, Emile Lévy, Henry Lévy, Millet, Ph. Rousseau, Alf. Stevens, J. Worms. Portrait gravé par Flameng. *Paris, Librairie des Bibliophiles*, 1873, 2 vol. gr. in-8, fig., br., couv.

Edition dite des douze peintres.
Exemplaire imprimé sur **papier de Hollande**, contenant les gravures en double épreuve avec et avant la lettre.
Envoi et lettre autographes de l'éditeur à M. Giacomelli.

503. **La Fontaine.** Fables. Notices par M. Poujoulat. Cinquante gravures et un portrait à l'eau-forte par V. Foulquier. *Tours, Alfr. Mame et fils*, 1875, gr. in-8, portrait et fig., mar. rouge, dos orné, fil., dent. int., tr. dor. (*Chambolle-Duru*).

Premier tirage des illustrations de Foulquier.
Exemplaire sur **papier vergé de Hollande**.

504. **La Fontaine.** Fables, publiées par D. Jouaust, avec l'éloge de La Fontaine par Chamfort, dessins d'Emile Adan, gravés à l'eau-forte par Le Rat. *Paris, Librairie des Bibliophiles*, 1885, 2 vol. in-8, fig., br., couv.

Exemplaire imprimé sur **papier Whatman** contenant les eaux-fortes en double épreuve avec et avant la lettre.
Envoi de l'éditeur à M. Giacomelli.

505. **La Fontaine.** Psyché, publié par D. Jouaust, compositions d'Emile Lévy, gravées à l'eau-forte par Boutelié, dessins de Giacomelli gravés sur bois par Sargent. *Paris, Librairie des Bibliophiles*, 1880, in-16, texte encadré d'un filet rouge, demi-rel. dos et coins de mar. vert, tête dor. ébarbé, couv. (*Dupré*).

Exemplaire imprimé sur **papier de Chine**, contenant un tirage hors texte des 5 gravures à l'eau-forte.

506. **La Gorce** (P. de). Histoire de la Seconde République française, 2 vol. — Histoire du Second Empire, 4 vol. Tomes I à IV. *Paris, E. Plon, Nourrit et Cie*, 1887-1899. Ensemble 6 vol. in-8, br.

507. **La Jeunesse** (Ernest). L'Imitation de Notre-Maître Napoléon. *Paris, Bibliothèque Charpentier*, 1897, in-12, br., couv.

> Édition originale.
> Un des **10** exemplaires imprimés sur **papier de Hollande**.

508. **Lalanne** (Maxime). Traité de la gravure à l'eau-forte. *Paris, Cadart et Luquet*, 1866, in-8, fig., demi-rel. dos et coins de mar. grenat, tête dor., non rog. (*Andrieux*).

> Édition originale contenant 8 eaux-fortes hors texte.
> Exemplaire imprimé sur **papier de Hollande**.

509. **Lamartine.** Graziella avec une préface par L. de Ronchaud. 6 dessins de Bramtot gravés par Champollion. *Paris, Librairie des Bibliophiles*, 1886, gr. in-8, fig., cart. Bradel, dos et coins de mar. olive, tête dor., non rog., couv. (*Dupré*).

> Exemplaire sur **papier de Chine** de format gr. in-8, contenant les gravures en **3 états**. Eau-forte sur Japon, avant lettre et avec lettre, sur Chine.

510. **Lamartine**. Harmonies poétiques et religieuses. Troisième édition. *Paris, Charles Gosselin*, 1830, 2 vol. in-8, vignette de Alf. et Tony Johannot sur les titres, br., couv.

> Édition originale. Les titres seuls sont changés.

511. **Lamartine.** Histoire des Girondins. Troisième édition. *Paris, Furne*, 1848, 8 vol. in-12, demi-rel. chag. brun, tr. jasp.

512. **Lamartine**. Jocelyn. Épisode, dessins de Besnard, gravés par de Los Rios, portrait gravé par Champollion. *Paris, Librairie des Bibliophiles*, 1885, in-8, fig., cart. Bradel, dos et coins de mar. rose, ébarbé, couv.

> Exemplaire imprimé sur **papier de Chine fort**, contenant les gravures en double état. Eaux-fortes pures sur papier de Hollande, et avec la lettre sur Chine.
> Envoi de l'éditeur à M. Giacomelli.

513. **Lamartine.** Œuvres complètes. Nouvelle édition. La chute d'un ange. *Paris, Charles Gosselin*, 1839, 2 vol. in-8, frontispices et vignettes dans le texte, demi-rel. dos et coins de mar. bleu, dos orné, fil., tr. dor. (*Dupré*).

514. **Lamartine**. Œuvres. *Paris. Alph. Lemerre.* 1885-1887, 14 vol. in-12. port.. br., couv.

Poésies. 7 vol. — Les Confidences. Graziella. 1 vol. — Raphael. 1 vol. — Le Tailleur de pierres de Saint-Point. 1 vol. — Nouvelles confidences. 1 vol. — Lectures pour tous. 1 vol. — Voyage en Orient. 2 vol.
Exemplaire imprimé sur **papier de Chine**.

515. **Lanfrey** (P.). Histoire de Napoléon 1er. *Paris. Charpentier.* 1867-1880. 5 vol. in-12. br.. couv.

516. **Larchey** (Lorédan). Dictionnaire historique, étymologique et anecdotique de l'argot parisien. Illustrations de J. Férat et Ryckebusch. *Paris. F. Polo.* 1872. gr. in-8 à 2 col., fig., cart., dos et coins de perc. verte, non rog., couv. (*P. Vié*).

Première édition sous ce titre. la couverture est datée de 1873.

517. **Larchey** (Lorédan). Gens singuliers. *Paris. F. Henry, s. d.* Les Excentricités du Langage. *Paris, Dentu.* 1862. — L'Esprit de tout le Monde. Joueurs de Mots. Riposteurs. *Paris.* 1892. Ensemble 4 vol. in-12. br.

518. **Larchey** (Lorédan). Les Suites d'une capitulation. relation des captifs de Baylen et de la glorieuse retraite du 116e régiment. extraits choisis. *Paris (Bruxelles)*, 1884. in-12. vél.. non rog. couv. (*Thierry*).

Edition originale.
Exemplaire auquel on a ajouté un billet autographe du général comte Dupont. adressé au comte de Chabrol. préfet de la Seine.

519. **La Rochefoucauld**. Réflexions, ou Sentences et maximes morales. Edition Louis Lacour. imprimée par D. Jouaust. *Paris. Académie des Bibliophiles.* 1868, in-8. br.

520. **La Rochejaquelein** (Mémoires de Madame la Marquise de). précédés de son éloge funèbre. prononcé par Mgr l'Evêque de Poitiers. illustrations de A. Andrieux. *Paris. E. Dentu.* 1868. 2 vol. in-12. fig., carte cart., dos et coins toile verte. ébarbés. couv.

521. **Laurent de l'Ardêche** (P.-M.). Histoire de l'Empereur Napoléon, illustrée par Horace Vernet. *Paris. J.-J. Dubochet.* 1839, gr. in-8, fig., demi-rel., dos et coins de mar. vert foncé. tête dor., non rog. (*Dupré*).

Exemplaire du premier tirage.

522. **Le Canu** (E.). Chez Victor Hugo, par un passant, avec 12 eaux-fortes par M. Maxime Lalanne. *Paris, Cadart et Luquet*, 1864, in-8, papier de Hollande, fig., demi-rel. dos et coins de mar. rose foncé, tête dor., non rog. (*Andrieux*).

523. **Leconte de Lisle**. Poëmes barbares antiques et tragiques. *Paris, Alph. Lemerre, s. d.* (1872-1874-1884), 3 vol. in-8, portrait de l'auteur gravé à l'eau-forte d'après Bajon, demi-rel. dos et coins mar. grenat, têtes dor. ébarbés (*Dupré*).

Editions originales.
Envoi de l'auteur à M. Giacomelli.

524. **Leconte de Lisle**. Poésies barbares. *Paris, Poulet-Malassis*, 1862, in-12, cart. dos et coins de perc. grenat, non rog., couv.

Edition originale.
Article nécrologique de Emmanuel des Essarts, ajouté.

525. **Leconte de Lisle**. Poésies complètes. Poëmes antiques. Poëmes et poésies. Poésies nouvelles. *Paris, Poulet-Malassis et De Broise*, 1858, in-12, front. dessiné et gravé par L. Duveau, cart., dos et coins de perc. grenat, non rog., couv.

Première édition collective et en partie originale.

526. **Lecoq** (H.). Les Epoques géologiques de l'Auvergne. *Paris, Baillière et fils*, 1867, 5 vol. in-8, fig., br.

Ouvrage orné de 170 planches ou figures, dont plusieurs coloriées.

527. **Lecoy de La Marche** (A.). Saint-Martin. *Tours, Alfr. Mame et fils*, 1881, gr. in 8, fig., demi-rel. dos et coins de mar. rouge, dos orné, fil., tête dor., ébarbé.

Ouvrage orné de 34 planches hors texte, dont 6 en chromolithographies.

528. **Lemaître** (Jules). Les Contemporains, études et portraits littéraires. *Paris, Lecène et Oudin*, 1886-1896, 6 vol. in-12, br., couv.

529. **Lemaître** (Jules). Impressions de théâtre. *Paris, Lecène et Oudin*, 1888-1896, 9 vol. in-12, br., couv.

530. **Lemaître** (Jules). Myrrha vierge et martyre. Compositions de Louis-Edouard Fournier, gravures de Xavier Lesueur, préface

par l'auteur. *Paris, Librairie des Amateurs, A. Ferroud*, 1903, in-8, fig., br., couv.

Exemplaire imprimé sur **papier vélin d'Arches**, contenant **3 états** des eaux-fortes, dont l'eau-forte pure.
Envoi de l'éditeur à M. Giacomelli.

531. **Lemaître** (Jules). Sérénus. Histoire d'un martyr. Contes d'Autrefois et d'Aujourd'hui. *Paris. Alph. Lemerre*, 1886, in-12, br., couv.

Edition originale.

532. **Le Maout** (Emm.). Botanique. Organographie et taxonomie. Histoire naturelle des familles végétales. *Paris, L. Curmer*, 1855, gr. in-8, fig. dans le texte et planches grav. et color., demi-rel. chag. vert, dos orné, tr. jasp.

533. **Le Sage**. Le Diable boîteux, avec une préface par H. Reynald, gravures à l'eau-forte par Ad. Lalauze. *Paris, Librairie des Bibliophiles*, 1880, 2 vol. in-8, fig., br., couv.

Exemplaire imprimé sur **papier Whatman**, contenant 9 eaux-fortes de Lalauze en double épreuve, avec et avant la lettre.
Envoi de l'éditeur à M. Giacomelli.

534. **Le Sage**. Histoire de Gil Blas de Santillane, vignettes par Jean Gigoux. *Paris, Paulin*, 1835, in-8, portr. sur Chine, vign. dans le texte, demi-rel. dos et coins de mar. gris, dos orné, tête dor., non rog. (*Dupré*).

Premier tirage des illustrations de Jean Gigoux.

535. **Le Sage**. Histoire de Gil Blas de Santillane, illustrée par Jean Gigoux. — Lazarille de Tormès, traduit par L. Viardot, illustré par Meissonier. *Paris, J.-J. Dubochet, Le Chevalier et Cie*, 1846, gr. in-8, fig., demi-rel. dos et coins de mar. bleu, compart. de fil. sur le dos, tête dor., non rog.

Les vignettes de Meissonier sont en premier tirage.

536. **Le Sage**. Histoire de Gil Blas de Santillane, précédée d'une préface par H. Reynald. Treize eaux-fortes par R. de Los Rios. *Paris, Librairie des Bibliophiles*, 1879, 4 vol. in-8, fig., demi-rel. dos et coins de mar. bleu, fil., têtes dor., couv. (*Dupré*).

Exemplaire imprimé sur **papier Whatman**, contenant la suite des figures de R. de Los Rios en double épreuve, avec et avant la lettre. On y a ajouté la suite des 16 compositions de Henri Pille, gravée par Louis Monziès, publiée par l'éditeur Lemerre, épreuves avant la lettre sur Chine.

537. **Lettres et les Arts** (Les). Revue illustrée. *Paris, Boussod, Valadon et Cie*, 1886-1889, 4 vol. in-4, fig., cart. dos et coins toile bleue.

Nouvelles de Th. Gautier, Fr. Coppée, H. Houssaye, Pailleron, Bentzon, H. Cazalis, Arm. de Pontmartin, A. Valabrègue, D. Nisard, A. France, Hérédia, Sarcey, Yriarte, de Vogüé, Bourget, Theuriet, etc., extraites de cette publication.

538. **Levallois** (Jules). Les Maîtres italiens en Italie. *Tours, Alfred Mame et fils*, 1887, gr. in-8, fig., br., couv.

539. **Lhomme** (F.). Raffet. *Paris, Librairie de l'Art, s. d.* (1892), in-4, fig. et planches hors texte, cart. dos et coins de perc. rouge, non rog., couv. (*Carayon*).

De la collection : Les Artistes célèbres.
Exemplaire imprimé sur **papier du Japon**.

540. **Livre des Ballades** (Le). Soixante Ballades choisies, (précédées d'une histoire de la Ballade, par Ch. Asselineau). *Paris, Alph. Lemerre*, 1876, pet. in-8, texte encadré d'un fil. rouge, br., couv.

Exemplaire imprimé sur **papier Whatman**.

541. **Livre des Sonnets** (Le). Dix dizaines de sonnets choisis (précédés d'une histoire du sonnet, par Ch. Asselineau). *Paris, Alph. Lemerre*, 1874, pet. in-8, pap. vergé, texte encadré d'un fil. rouge, br., couv.

542. **Livre d'Or de l'Angelus de Millet** (Le), par un ancien ami, illustré de dix-sept eaux-fortes originales, par Frédéric Jacque. *Paris, Ferroud, E. Bénézit Constant, s. d.* (1891), gr. in-4, pap. de Holl., port. et planches, br., couv. illust.

Exemplaire contenant une lettre de l'éditeur Bénézit-Constant, ayant rapport à la publication de ce livre et un article critique de M. Charles Jacque, extrait du *Moniteur des Arts*.

543. **Livre d'Or** (Le) du Salon de peinture et de sculpture. Catalogue descriptif des œuvres récompensées et des principales œuvres hors concours, rédigé par Georges Lafenestre. *Paris,*

Librairie des Bibliophiles. 1879-1891. 13 vol. gr. in-8. fig. grav. sous la direction de M. Edm. Hédouin, br., couv.

Exemplaires imprimés sur **papier Whatman**, avec double suite des figures, dont une sur Japon, avant la lettre. le premier volume est seul imprimé sur papier de Hollande, avec les figures avant la lettre.
Chaque volume porte un envoi de l'éditeur Jouaust à M. Giacomelli.

544. **Livre d'Or de Victor Hugo** (Le), par l'élite des artistes et des écrivains contemporains. Direction de Emile Blémont. *Paris. Librairie artistique, H. Launette*, 1883, in-4, fig., demi-rel. dos et coins de mar. grenat, tête dor., ébarbé, couv. (*Dupré*).

Exemplaire imprimé sur **papier du Japon**, contenant les gravures hors texte, avant la lettre.

545. **Longfellow** (Henry Wadsworth). Poetical works, illustrated with upwards of one hundred and sixty engravings on wood from designs by Jane, E. Benham. Birket, Foster, etc. *London. D. Bogue*. 1856, in-8, fig., cart., tr. dor.

546. **Longus.** Daphnis et Chloé, traduction d'Amyot, compositions d'Emile Lévy, gravées à l'eau-forte par Flameng, dessins de Giacomelli, gravés sur bois par Rouget et Sargent. *Paris, Librairie des Bibliophiles*. 1872. in-16, texte encadré d'un fil. rouge, fig., demi-rel. dos et coins de mar. bleu, tête dor., ébarbé. couv. (*Dupré*).

Exemplaire imprimé sur **papier de Chine**, contenant un tirage hors texte, avant la lettre, des 4 gravures à l'eau-forte.
En tête une lettre autographe de l'éditeur Jouaust à M. Giacomelli, relative à la publication de ce livre.

547. **Longus.** Daphnis et Chloé, traduction d'Amyot, complétée par Paul-Louis Courier, notice par A. France. *Paris. Alph. Lemerre*, 1878, in-8, texte encadré d'un fil. rouge, br., couv.

Exemplaire imprimé sur **papier Whatman**.
On y a ajouté une figure de Prudhon, gravée à l'eau-forte par Roger, épreuve avant la lettre.

548. **Longus**. Daphnis et Chloé. Compositions de Raphaël Collin, gravées à l'eau-forte par Champollion, préface de Jules Claretie. *Paris, Librairie H. Launette*. 1890, gr. in-8, fig., demi-rel. dos et coins de mar. bleu, dos orné, fil., tr. dor., couv. (*Dupré*).

Exemplaire sur papier vélin, contenant un tirage à part sur Japon de toutes les eaux-fortes.

549. **Longus**. Daphnis et Chloé, traduction de P.-L. Courier, compositions dessinées et gravées à l'eau-forte par P. Avril. *Paris, Librairie L. Conquet*, 1898, in-16, fig., br., couv.

Exemplaire offert par l'éditeur à M. Giacomelli.

550. **Loti** (Pierre). Au Maroc (21e édition). — Le Désert (Edition originale). — Jérusalem (16e édition). — La Galilée (28e édition). *Paris, Calmann Lévy*, 1890-1896, 4 vol. in-12, cart. dos et coins de perc. verte, non rog., couv. (*P. Vié*).

551. **Loti** (Pierre). La Chanson des vieux époux, aquarelles d'après Henry Somm. *Paris, Librairie L. Conquet, L. Carteret et Cie. succrs*, 1899, in-16 de 38 pages, fig., demi-rel., dos et coins de mar. bleu, non rog., couv. (*Dupré*).

Exemplaire imprimé sur **papier du Japon**.
Envoi autographe de M. Somm à M. Giacomelli.

552. **Loti** (Pierre). Les Derniers jours de Pékin. — L'Inde (sans les Anglais). *Paris, Calmann-Lévy, s. d.* (1900), 2 vol. in-12, br., couv.

Editions originales.

553. **Loti** (Pierre). L'Exilée. — Ramuntcho. — Reflets sur la sombre route. *Paris, Calmann-Lévy*, 1893-1897-1899. 3 vol. in-12, cart. dos et coins de perc. verte non rog., couv. (*Paul Vié*).

Editions originales.

554. **Loti** (Pierre). Fleurs d'Ennui. (Pasquala Ivanovitch ; Voyage au Monténégro ; Suleïma). *Paris, Calmann-Lévy*, 1883, in-12, cart., dos et coins de perc. verte, non rog., couv. (*Paul Vié*).

Edition originale.

555. **Loti** (Pierre). Japoneries d'automne. *Paris, Calmann-Lévy*, 1889, in-12 cart., dos et coins de perc. verte, non rog., couv. (*Paul Vié*).

Edition originale.

556. **Loti** (Pierre). Madame Chrysanthème. Dessins et aquarelles de Rossi et Myrbach, gravure de Guillaume frères. *Paris, Calmann-Lévy*, 1888, in-8, fig., demi-rel., dos et coins, mar. fauve, fil., tête dor., non rog., couv. (*Dupré*).

557. **Loti** (Pierre). Le Mariage de Loti. Rarahu, par l'auteur d'Aziyadé. *Paris, Calmann-Lévy*, 1880, in-12, demi-rel., dos et coins de mar. brun, tête dor., ébarbé.

Edition originale.
Exemplaire auquel est ajouté un portrait de Rarahu, **dessin original** à la mine de plomb par Madame **Laure Lacombe**.

558. **Loti** (Pierre). Pêcheur d'Islande, roman. *Paris, Calmann-Lévy*, 1886, in-12, cart., dos et coins perc. verte, non rog., couv.

Edition originale.

559. **Loti** (Pierre). Pêcheur d'Islande. Compositions et eaux-fortes de E. Rudaux, gravures sur bois de J. Huyot. *Paris, Calmann-Lévy*, 1893, gr. in-8, fig., demi-rel., dos et coins de mar. vert clair, fil., tête dor., non rog., couv. (*Dupré*).

Exemplaire imprimé sur **papier de Chine**, contenant la suite des figures en **3 états**. Eau-forte pure ; avant la lettre avec remarques, et avec la lettre.
Le tirage à part des vignettes du texte, sur papier de Chine, relié à part, forme un second volume de même reliure.

560. **Loti** (Pierre). Propos d'exil. *Paris, Calmann-Lévy*, 1887, in-12, cart., dos et coins de perc. verte, ébarbé, couv. (*Paul Vié*).

Edition originale.

561. **Loti** (Pierre). Le Roman d'un Enfant. *Paris, Calmann-Lévy*, 1890, in-12, cart., dos et coins perc. verte, non rog., couv. (*Paul Vié*).

Edition originale.

562. **Loti** (Pierre). Le Roman d'un Spahi. *Paris, Calmann-Lévy*, 1881, in-12, cart., dos et coins de perc. verte, ébarbé, couv. (*Paul Vié*).

Edition originale.

563. **Louvet de Couvray.** Les Amours du chevalier de Faublas, avec une préface, par Hippolyte Fournier. Dessins de Paul Avril gravés à l'eau-forte par Monziès. *Paris, Librairie des Bibliophiles*, 1884, 5 vol. in-8, fig., br., couv.

Exemplaire imprimé sur **papier Whatman**, contenant les eaux-fortes en double épreuve, avec et avant la lettre.
Envoi de l'éditeur à M. Giacomelli.

564. **Louys** (Pierre). Aphrodite. Mœurs antiques. Illustrations d'Edouard Zier. *Paris, Librairie illustrée, J. Tallandier, s. d.*, in-8, fig., br., couv. illust.

565. **Lynen** (Amédée). Kermesse. Préface d'Eugène Demolder. Lettre de Félicien Rops. *Bruxelles, Charles Vos*, 1889, in-4 en feuilles, dans le cartonnage de l'éditeur.

Préface de Rops, 8 pages; Champ de Foire, par Eug. Demolder et 14 planches gravées à l'eau-forte, toutes signées du dessinateur.

566. **Maindron** (Ernest). Les Affiches illustrées, ouvrage orné de 20 chromolithographies par Jules Chéret et de nombreuses reproductions en noir et en couleur d'après les documents originaux. *Paris, Librairie artistique, H. Launette et Cie*, 1886, in-4, fig., br., couv.

Exemplaire offert par l'éditeur à M. Giacomelli.

567. **Maintenon** (Madame de). Choix d'entretiens et de lettres. *Versailles, Cerf et Fils*, 1875, pet. in-8, portrait, br., couv.

Extrait des œuvres de Madame de Maintenon, contenant tout ce qui peut être utile aux jeunes filles, publiés par M. A. Delapalme.
Exemplaire sur **papier de Chine**, imprimé au nom de M. Giacomelli; lettres de M. Delapalme à M. Giacomelli, ajoutées.

568. **Maintenon** (Madame de). Choix d'entretiens et de lettres. *Versailles, Cerf et Fils*, 1875, in-8, portrait de Mme de Maintenon, br., couv.

Envoi sur le faux-titre : *A Madame Giacomelli, témoignage de la plus sincère affection.* Félicie Delapalme.
Ouvrage imprimé à petit nombre sur **papier de Hollande**.

569. **Maistre** (Xavier de). Voyage autour de ma chambre, préface de Jules Claretie. Six eaux-fortes par Hédouin. *Paris, Librairie des Bibliophiles*, 1877, in-8, fig., demi-rel., dos et coins de mar. vert, tête dor., non rog. (*Dupré*).

Exemplaire imprimé sur **papier Whatman**, contenant les figures en double épreuve avec et avant la lettre.

570. **Maistre** (Xavier de). Voyage autour de ma chambre. *Paris, Alph. Lemerre*, 1878, in-8, texte encadré d'un fil. rouge, fig., br., couv.

Exemplaire imprimé sur **papier Whatman**, contenant 5 eaux-fortes dessinées et gravées par Dupont en double épreuve.

571. **Mallarmé** (S.). Les Poésies. *Bruxelles, chez Edmond Deman*, 1899, in-8, frontispice de Rops, gravé à l'eau-forte, cart. toile grise, non rog.

Exemplaire imprimé sur papier de Hollande Van Gelder.

571 *bis*. **Mallarmé** (Stéphane). L'Après-midi d'un Faune, Eglogue par Stéphane Mallarmé, avec frontispice, fleurons et culs-de-lampe. *Paris, A. Derenne*, 1876, brochure in-4, couverture avec titre imprimé en or.

Edition originale.
Tiré à **175** exemplaires sur **papier de Hollande** (n° 87), avec l'ex-libris et le frontispice hors texte tiré sur **Japon**.
Les illustrations sont de Manet.

572. **Mangin** (Arthur). L'Homme et la Bête. Ouvrage illustré de cent vingt gravures. *Paris, Firmin-Didot frères*, 1872, in-8, cart., dos et coins de perc. brune, non rog.

Edition originale.
Envoi d'auteur à Madame Giacomelli : *Hommage et souvenir bien affectueux.*

573. **MANGIN** (Arthur). Les Jardins. Histoire et description, dessins par Anastasi, Daubigny, V. Foulquier, Francais, W. Freeman, H. Giacomelli, Lancelot. *Tours, Alfred Mame et fils*, 1867, in-fol., fig., mar. rouge, dos orné à petits fers, doublé de mar. rouge, avec compart. mosaïqués d'après une composition de M. Giacomelli, gardes en moire rouge, tr. dor. (*Mame*).

Bel exemplaire du premier tirage.
Envoi de l'éditeur à M. Giacomelli.

574. **Manuel**. Histoire aussi intéressante qu'invraisemblable de l'intrépide Castagnette, neveu de l'homme à la tête de bois, illustrée de 43 vignettes sur bois par Gustave Doré. *Paris, Hachette et Cie*, 1862, in-4, fig., cart., dos et coins perc. bleue, non rog., couv. illust.

Premier tirage des illustrations de Gustave Doré.
Exemplaire contenant sur le faux-titre un envoi de Ph. Burty.

575. **Marbot**. Memoires du général baron de Marbot. *Paris, E. Plon, Nourrit*, 1891-1892, 3 vol. in-8, portrait, br.

576. **Marie** (Adrien). Une Journée d'enfant, compositions inédites, vingt planches en héliogravure de Dujardin. *Paris, H. Launette*, 1883, in-4 de 24 ff., fig., cart.

Exemplaire imprimé sur **papier du Japon**.
Envoi de l'éditeur à M. Giacomelli.

577. **Marmier** (Xavier). Contes des Grand'Mères. Illustré par Mucha de quarante-six dessins dans le texte et de dix grandes compositions hors texte. *Paris, Librairie Furne, Jouvet et Cie*, 1892, gr. in-8, fig., br., couv.

578. **Marguerite de Valois.** Les Sept journées de la reine de Navarre, suivies de la huitième. (Edition Claude Gruget, 1559) Notice et notes par Paul Lacroix, planches à l'eau-forte par Flameng. *Paris, Librairie des Bibliophiles*, 1872, 4 tomes en 8 fascicules in-8, fig., br., couv.

Exemplaire imprimé sur **papier Whatman**, contenant les figures avant la lettre.

579. **Marthold** (Jules de). Histoire de Malborough, dessins de Caran d'Ache. (*Paris*), *Jules Levy, s. d.* (1885), in-8, en feuilles, renfermé dans un carton, toile rouge.

Edition originale : les dessins en couleurs sont intercalés dans le texte.

580. **Mary Howitt**. Birds and Flowers ; or, lays and Lyrics of rural life ; and illustrated with upwards of one hundred drawings by H. Giacomelli. *London, T. Nelson and Sons*, 1873, pet. in-4, fig., demi-rel., dos et coins de mar. orange, tête dor., non rog. (*Dupré*).

Dessins de H. Giacomelli, gravés par Berveiller, Méaulle, Sargent, Rouget, Jonnart, Whymper and Morison.

581. **Mary Howitt**. Sketches of natural history ; or, songs animal life ; and illustrated with repwards of one hundred drawings by H. Giacomelli. *London, T. Nelson and Sons*, 1873, pet. in-4, fig., demi-rel., dos et coins de mar. orange, tête dor., non rog., (*Dupré*).

Dessins de H. Giacomelli gravés par Berveiller, Méaulle, Sargent, Rouget, Jonnart, Whymper.

582. **Mathieu** (Gustave). Parfums, chants et couleurs, poésies. *Lyon, Impr. Louis Perrin*, 1873, in-4, portrait, cart. avec ornements en relief dorés, couv., non rog.

583. **Maupassant** (Guy de). Au Soleil. *Paris, Victor Havard*, 1884, in-12, br., couv.

Edition originale avec la couverture.
Exemplaire imprimé sur papier de Hollande.

584. **Maupassant** (Guy de). Bel Ami. *Paris, Victor Havard*, 1885, in-12, br., couv.

Edition originale avec la couverture.
Exemplaire imprimé sur papier de Hollande.

585. **Maupassant** (Guy de). Boule de Suif, compositions de François Thévenot, gravures sur bois de A. Romagnol. *Paris, Armand Magnier*, 1897, gr. in-8, fig. dans le texte et hors texte, demi-rel. dos et coins de mar. brun clair, fil., tête dor., non rog., couv. (*Dupré*).

586. **Maupassant** (Guy de). Clair de Lune. Illustrations de Arcos; Boutet de Monvel; Gambard; Grasset; Jeanniot: Adr. Marie; Mars; Merwarth; Myrbach; Renouard; Rochegrosse; Tirado. *Paris, Ed. Monnier*, 1884, gr. in-8, fig., cart., dos et coins perc. grenat, non rog., couv. (*Paul Vié*).

Première édition illustrée.

587. **Maupassant** (Guy de). Le Colporteur. *Paris, P. Ollendorff*, 1900, in-12, cart., dos et coins, perc. bleue, non rog., couv. (*P. Vié*).

Edition originale.

588. **Maupassant** (Guy de). Contes choisis. Illustrés de 118 dessins par G. Jeanniot. *Paris, A la Librairie illustrée, s. d.* (1886), gr. in-8, fig. dans le texte et hors texte, cart. dos et coins de toile bleue, non rog., couv. illust. (*Paul Vie*).

Contient: Mademoiselle Perle; Deux Amis; Menuet; Le Petit Fût; La Peur; La Mère Sauvage; A Cheval; Pierrot; La Ficelle; Denis; En Mer, etc.
Les figures hors texte (4) sont tirées sur **Chine**.

589. **Maupassant** (Guy de). Contes du Jour et de la Nuit. Illustrations de P. Cousturier. *Paris, Marpon et Flammarion, s. d.* (1885), in-12, fig., cart., dos et coins, perc. bleue, non rog., couv. (*P. Vié*).

Edition originale.
Contient: Le Crime au père Boniface; Rose; Le Père; L'Aveu; La Parure; Le Bonheur; Le Vieux; Un lâche; L'Ivrogne; Une Vendetta; Coco; La Main, etc.

590. **Maupassant** (Guy de). Le Horla. *Paris, Paul Ollendorff*, 1887, in-12, br., couv.

Edition originale.
Contient: Le Horla; Amour; Le Trou; Sauvée; Clochette; Le Marquis

de Fumerol ; Le Signe ; Le Diable ; Les Rois ; au Bois ; Une Famille ; Joseph ; L'Auberge ; Le Vagabond.
Un des **40** exemplaires imprimés sur **papier de Hollande**.

591. **Maupassant** (Guy de). La Main gauche. *Paris, Paul Ollendorff*, 1889, in-12, cart. dos et coins de perc. bleue, non rog., couv. (*P. Vié*).

Edition originale.
Contient : Allouma ; Hautot père et fils ; Boitelle ; L'Ordonnance ; Le Lapin ; Un Soir ; Les Epingles ; Duchoux, etc.

592. **Maupassant** (Guy de). La Maison Tellier, dessins de René Lelong, gravés sur bois par G. Lemoine. — Une Vie, illustrations de A. Leroux, gravures sur bois de G. Lemoine. — Les Dimanches d'un Bourgeois de Paris, dessins de Geo. Dupuis, gravures sur bois de G. Lemoine.— Yvette, illustrations de Cortazzo, gravures sur bois par G. Lemoine. *Paris, Librairie Ollendorff*, 1899-1902, 4 vol. in-12, fig., 3 vol. br. et 1 vol. cart. dos et coins de perc. bleue, couv. illust.

593. **Maupassant** (Guy de). Miss Harriet. *Paris, Victor Havard*, 1884, in-12, cart. dos et coins de perc. bleue, ébarbé (*P. Vié*).

Edition originale.
Contient : Miss Harriet ; L'Héritage ; Denis ; L'Ane ; Idylle ; La Ficelle ; Garçon ! un bock ; Le Baptême ; Regret ; Mon Oncle Jules ; En Voyage ; La Mère sauvage.

594. **Maupassant** (Guy de). Monsieur Parent. *Paris, Paul Ollendorff*, 1886, in-12, cart. dos et coins de perc. bleue, ébarbé, couv. (*P. Vié*).

Edition originale.
Contient : Monsieur Parent ; La Bête à mait' Belhomme ; A Vendre ; L'Inconnue ; La Confidence ; Le Baptême ; Un Fou ; Tribunaux rustiques ; L'Epingle ; Les Bécasses ; En Wagon ; Ça ira ; Découverte ; Solitude ; Au Bord du lit ; Petit Soldat.

595. **Maupassant** (Guy de). Mont-Oriol. *Paris, Victor Havard*, 1887, in-12, br., couv.

Edition originale.
Exemplaire imprimé sur **papier de Hollande**.

596. **Maupassant** (Guy de). Le Père Milon. Contes inédits. *Paris, Paul Ollendorff*, 1899, in-12, cart. dos et coins toile bleue, ébarbé, couv. (*P. Vié*).

Edition originale.
Contient : Le Père Milon ; Par un soir de printemps ; L'Aveugle ; Le Gâteau ; Le Saut du berger ; Vieux objets ; Magnétisme ; Un Bandit corse ; La Veillée ; Rêves ; Confessions d'une femme ; Clair de lune ; Une Passion, etc.

597. **Maupassant** (Guy de). La Petite Roque. *Paris, Victor Havard*, 1886, in-12, cart. dos et coins de perc. bleue. non rog., couv. (*P. Vié*).

Edition originale.
Contient : La Petite Roque ; L'Epave ; L'Ermite ; Mademoiselle Perle ; Rosalie Prudent ; Sur les Chats ; Sauvée ; Madame Parisse ; Julie Romain ; Le Père Amable.

598. **Maupassant** (Guy de). Le Rosier de Madame Husson. Illustrations par Habert Dys, eaux-fortes de E. Abot, d'après Després. *Paris, Quantin*, 1888, pet. in-4 de 40 pages, demi-rel. dos et coins de mar. rouge, dos orné, fil., tête dor., non rog., couv. (*Bretault*).

Edition originale, ornée d'un frontispice et d'illustrations tirées en différentes couleurs, formant l'encadrement du texte.

599. **Maupassant** (Guy de). Les Sœurs Rondoli. *Paris, Paul Ollendorff*, 1884, in-12, br., couv.

Edition originale.
L'un des **50** exemplaires sur **papier de Hollande**.
Contient : Les Sœurs Rondoli ; La Patronne ; Le Petit fût ; Lui ? ; Mon Oncle Sosthène ; Le Mal d'André ; Le Pain maudit ; Le Cas de Mme Luneau ; Un Sage ; Le Parapluie ; Le Verrou, etc.

600. **Maupassant** (Guy de). Sur l'Eau, dessins de Riou, gravure de Guillaume frères. *Paris, Marpon et Flammarion, s. d.* (1888), in-12, fig., cart. dos et coins de perc. bleue, ébarbé, couv. illust.

Edition originale.

601. **Maupassant** (Guy de). Des Vers. *Paris, Victor Havard*, 1884, in-18, br., couv.

Un des **10** exemplaires imprimés sur **papier du Japon**, orné d'un portrait de Guy de Maupassant, gravé à l'eau-forte par Lerat.

602. **Mayneville**. Chronique du temps qui fut la Jacquerie. Illustrations de L.-O. Merson, gravures de Chessa. Lettres manuscrites par Cossard. *Librairie de la Collection des Dix, A. Romagnol, éditeur*, 1903, gr. in-8, cart. Bradel dos et coins de mar. rouge, dos orné, tête dor., non rog. (*Dupré*).

Ouvrage illustré de 40 compositions de Luc-Olivier Merson, gravées à l'eau-forte par Chessa, texte manuscrit par Cossard.
Exemplaire sur papier vélin, avec le prospectus de l'ouvrage ajouté en tête et la couverture conservée.

603. **Mémoires militaires** publiés par Lorédan Larchey et P. Cottin. *Paris*, 1872-1898, 6 vol. in-12, cart. dos et coins de perc.

Bibliothèque des Mémoires du dix-neuvième siècle de 1789 à 1815. — Journal de marche d'un volontaire de 1792. — Le Sergent Fricasse. — Mémoires du sergent Bourgogne. — La Discipline aux armées, 1794-1796.

604. **Mémoires** sur le Consulat, 1799 à 1804, par un ancien conseiller d'État (le Comte A.-C. Thibaudeau). *Paris*, *Ponthieu*, 1827, in-8, demi-rel. bas. citron.

605. **Mérimée** (Prosper). Carmen. *Paris*, *Calmann Lévy*, 1884, in-16, demi-rel. dos et coins de mar. orange, dos orné, tête dor., non rog., couv. (*Champs*).

Exemplaire imprimé sur **papier du Japon**, illustré d'un frontispice et de 8 vignettes gravés par A. Nargeot, d'après S. Arcos, en double état, dont l'eau-forte pure.

606. **MÉRIMÉE** (Prosper). 1572. Chronique du temps de Charles IX. (*Paris, Imprimé pour les Amis des Livres, par G. Chamerot*), 1876, 2 vol. gr. in-8, fig., cart. Bradel dos et coins de mar. grenat, non rog.

Premier ouvrage édité par la Société des Amis des Livres et imprimé à 115 exemplaires, il est orné de 26 compositions dessinées et gravées à l'eau-forte par Edm. Morin, avec 6 planches en double état.

Les 2 titres de cet exemplaire sont imprimés au nom de M. Giacomelli et en tête du premier volume, on a joint un billet autographe de Prosper Mérimée, adressé au Dr Robin, contenant une invitation à dîner : *M. Littré a accepté de dîner chez moi. Je compte sur vous..... Nous n'aurons pas de cardinaux, sauf un homard, c'est une bête moins rétrograde que les Eminences....*

607. **Mérimée** (Prosper). Colomba. *Paris*, *Magen et Comon*, 1841, in-8, demi-rel. dos et coins de mar. bleu, dos orné, fil., non rog. (*Canape*).

Edition originale, avec la couverture.
Bel exemplaire.

608. **Mérimée** (Prosper). Colomba. Soixante-trois compositions originales de Daniel Vierge, gravées sur bois par Noël et Paillard, préface de Maurice Tourneux. *Paris*, *L. Conquet*, *L. Carteret et Cie*, *succrs*, 1904, gr. in-8, fig., br., couv. illust.

Exemplaire imprimé sur **papier du Japon ancien**, à la forme.
Offert par l'éditeur à M. Giacomelli.

609. **Mérimée** (Prosper). Les Deux Héritages, suivis de l'Inspecteur général et des débuts d'un aventurier. *Paris, Michel Lévy frères*, 1853, in-12, br., couv.

Édition originale.

610. **Mérimée** (Prosper). Mélanges historiques et littéraires. Troisième édition. — Dernières nouvelles. Deuxième édition. — Portraits historiques et littéraires. Deuxième édition. *Paris, Calmann Lévy frères*, 1873-1876, 3 vol. in-12, cart. dos et coins de perc. lilas, ébarbés.

611. **Mérimée** (Prosper). Nouvelles. La Mosaïque, avec des dessins de Aranda, de Beaumont, Bramtot, Le Blant, Merson, Myrbach, Sinibaldi, préface par Jules Lemaitre. *Paris, Librairie des Bibliophiles*, 1887, in-8, fig., cart. Bradel dos et coins de mar. rouge, ébarbé.

Exemplaire imprimé sur **papier de Chine**, contenant les figures en double épreuve, avec et avant la lettre.
Envoi de l'éditeur à M. Giacomelli.

612. **Mérimée** (Prosper). Le Portrait de Prosper Mérimée, tour à tour en femme et en homme, d'après un des trois exemplaires connus de la lithographie de 1825 et d'après un dessin inédit de E.-J. Delecluze. *Paris, J. Baur*, 1876, plaq. in-8 de 8 pages, portr., cart. dos de toile brune.

Imprimé à 110 exemplaires.

613. **Mérimée** (Prosper). Théâtre de Clara Gazul, comédienne espagnole. *Paris, Sautelet*, 1825, in-8, demi-rel. dos et coins de mar. rouge, tête dor., non rog. (*Lemardeley*).

Édition originale.
Exemplaire auquel on a ajouté 2 portraits de Mérimée, le premier, par Régamey et le second, d'après la lithographie de Delecluze (Mérimée tour à tour en homme et en femme). Épreuves sur Chine.

614. **Michelet.** Histoire de France, 19 vol. — Histoire de la Révolution, 9 vol. *Paris, Alph. Lemerre*, 1885-1888, 28 vol. pet. in-12, portr., br., couv.

Exemplaire imprimé sur **papier de Chine**, portrait de l'auteur en double épreuve

615. **Michelet.** Histoire du XIXe siècle. Directoire. Origine des Bonaparte. *Paris, Germer Baillière*, 1872, in-8, br.

Édition originale.
Offert affectueusement à Monsieur Giacomelli. J. MICHELET.

616. **Michelet.** Nos Fils. Quatrième édition. *Paris. A. Lacroix, Verboeckhoven*, 1870, in-12, br., couv.

A Monsieur Giacomelli. J. MICHELET.
On y joint du même auteur : La Mer. 1861.— La Montagne. 1868.— Ma Jeunesse. 1884. Édition originale, avec un portrait de Michelet, gravé par Boilvin. — Mon Journal. 1888. 4 vol. in-12, cart. dos et coins de perc. verte, ébarbés.

617. **MICHELET.** L'Insecte. Nouvelle édition illustrée de 140 vignettes sur bois dessinées par H. Giacomelli. *Paris. L. Hachette et Cie*, 1876, gr. in-8, titre rouge et noir, texte encadré d'un double filet noir, fig., demi-rel. dos et coins de mar. rouge, tête dor. (*Dupré*).

Premier tirage des illustrations de M. Giacomelli.
Un des **6** exemplaires imprimé sur **papier vélin fort**, monté sur onglets, portant sur le faux-titre l'envoi suivant :
A Monsieur Giacomelli Hommage et souvenir de l'Imprimeur à l'Illustrateur. J. CLAYE.
4 lettres autographes de remerciements de Mme Michelet, Ph. Burty, Charles Jacques et Henner à l'occasion de ce livre.

618. **MICHELET.** L'Insecte. Nouvelle édition illustrée de 140 vignettes sur bois dessinées par H. Giacomelli. *Paris, Librairie L. Hachette et Cie*, 1876, gr. in-8, titre rouge et noir, texte encadré d'un double filet noir, fig., demi-rel. dos et coins de mar. bleu, dos orné, fil., tête dor., couv. (*Champs*).

Exemplaire réservé imprimé pour M. H. Giacomelli.
Premier tirage des 140 illustrations de Giacomelli accompagné de **30 fumés**.

619. **Michelet.** The Insect (traduction W.-H. Darenport. Adams) with 140 illustrations by Giacomelli. *London, T. Nelson and Sons*, 1875, in-8, fig. en feuilles.

Premier tirage des compositions de Giacomelli.

620. **Michelet.** The Insect with 140 illustrations by Giacomelli. *London, T. Nelson and Sons*, 1875, gr. in-8, fig., demi-rel. dos et coins de mar. rouge foncé, tête dor. ébarbé (*Dupré*).

Traduction de W. H. Darenport Adams.
Dessins de H. Giacomelli, gravés par Rouget, Sargent, Berveiller, Méaulle, Coste, Ansseau, Morison, Whymper, Jonnart, etc.

621. **MICHELET.** L'Oiseau. Huitième édition illustrée de 210 vignettes sur bois, dessinées par H. Giacomelli. *Paris. L. Hachette et Cie*, 1867, gr. in-8, fig., demi-rel. dos et coins de mar. vert, dos orné à petits fers, tête dor., non rog. (*Andrieux*).

Premier tirage des illustrations de Giacomelli et première édition illustrée.
Exemplaire imprimé sur papier vélin teinté, le texte encadré d'un double filet rouge. On y a ajouté sur le feuillet de garde, une lettre autographe de J. Michelet :
L'Oiseau-Giacomelli nous est arrivé ce matin tel restera son nom, c'est une vraie merveille et sublime parfois. Madame Michelet ne reconnait plus son enfant (Madame Michelet a collaboré à cet ouvrage). *Que de talents ! d'esprit ! de ressources en un sujet si difficile !.....* J. MICHELET.

622. **Michelet.** Thérèse et Marianne, souvenirs de jeunesse. Onze eaux-fortes originales de V. Foulquier. *Paris, Librairie L. Conquet*, 1891, in-16, fig., demi-rel. dos et coins de mar. bleu, dos orné, fil., tête dor. ébarbé, couv. (*Champs*).

Exemplaire imprimé sur **Japon impérial**, contenant les eaux-fortes avec le nom des artistes à la pointe.
Offert par l'éditeur à M. Giacomelli.

623. **Michelet** (Madame). Mémoires d'une Enfant. *Paris, L. Hachette et Cie*, 1867, in-12, demi-rel. dos et coins de veau fauve, dos orné, fil., tête dor. ébarbé (*Andrieux*).

Edition originale.
A Monsieur Giacomelli. Admiration. A. MICHELET.

624. **Michelet** (Madame). La Mort et les Funérailles de Michelet ; La Tombe de Michelet. *Paris, Sandoz et Fischbacher*, 1875-1876, 2 brochures in-8.

On y joint 2 lettres autographes de Mme Michelet.

625. **Michelet** (Madame). Nature ; or the poetry of earth and sea from the french of Mme Michelet (By W. H. Davenport Adams). With two hundred designs by Giacomelli. *London, T. Nelson and Sons*, 1872, gr. in-8, fig., demi-rel. dos et coins de mar. bleu, tête dor. ébarbé (*Andrieux*).

Dessins de Giacomelli, gravés par Rouget, Paterson, Berveiller, Whymper, Jonnard, Méaulle, Evans, Dalziel, Harral, Sargent, etc.

626. **Michiels** (Alfred). Les Bûcherons et les Schlitteurs des Vosges, dessins par Théophile Schuler. *Paris et Strasbourg, s. d.* (1857), in-4, br., couv. illust.

43 planches lithographiées, tirées en bistre sur papier teinté.

627. **Midgley and Lilley.** A Book of Studies in plant form and design. *London Chapman*, 1895, in-8, fig., cart.

628. **Millaud** (Albert). La Comédie du jour sous la République Athénienne, illustrations par Caran d'Ache. *Paris, E. Plon, Nourrit et Cie, s. d.* (1886), gr. in-8, fig., br., couv.

Édition originale.

629. **Mille et un jours** (Les). Contes persans, turcs et chinois, traduits par Petis de la Croix, Cardonne, Caylus, etc. *Paris, Pourrat frères, s. d.* (1844), in-8, fig., cart. dos et coins toile bleue, non rog., couv.

Édition illustrée de vignettes de Jules Collignon, gravées sur bois en premier tirage ; le Titre est imprimé en or et bleu.

630. **Mistral** (Frédéric). Mireille, poëme provençal, traduction française de l'auteur, accompagnée du texte original, avec 25 eaux-fortes dessinées et gravées par Eug. Burnand et 47 dessins du même artiste. *Paris, L. Hachette et Cie*, 1884, in-4, texte encadré d'un filet rouge, portrait et fig., demi-rel. dos et coins de mar. rouge foncé, tête dor. ébarbé, couv. (*Dupré*).

Exemplaire contenant les eaux-fortes pures, de premier état ou inédites.

631. **Molènes** (Paul de). Œuvres diverses. *Paris, Librairie des Bibliophiles*, 1885-1887, 6 vol. in-12, br.

Histoires et récits militaires. — Voyages et pensées militaires. — Mélanges. — Aventures du Temps passé. — Les Commentaires d'un Soldat. Les Caprices d'un régulier.

632. **Molière.** Œuvres, précédées d'une notice sur sa vie et ses ouvrages par M. Sainte-Beuve, vignettes par Tony Johannot. *Paris, Paulin*, 1835-1836, 2 vol. gr. in-8, fig., demi-rel. dos et coins chag. bleu, tr. jasp.

Exemplaire contenant le premier tirage des illustrations de Tony Johannot.

633. **Molière.** Œuvres, avec notes et variantes par Alphonse Pauly. *Paris, Alph. Lemerre, s. d.*, 8 vol. — Claretie (Jules). Molière, sa vie et ses œuvres. *Paris, Alph. Lemerre, s. d.*, 1 vol. — Ensemble 9 vol. pet. in-12, port. br., couv.

634. **Molière**. Pièces de Molière publiées avec dessins de Louis Leloir, gravés par Champollion, notices et notes par Aug. Vitu et G. Monval. *Paris, Librairie des Bibliophiles*, 1888-1894, 24 vol. in-12, fig., br., couv.

L'Etourdi; Dépit amoureux; Les Précieuses ridicules; Sganarelle; Dom Garcie de Navarre; L'École des Maris; Les Facheux; L'École des Femmes; La Critique de l'École des Femmes; L'Impromptu de Versailles; Le Mariage forcé; La Princesse d'Elide; Don Juan; L'Amour médecin; Le Misanthrope; Le Médecin malgré lui; Mélicerte; Le Sicilien; Amphitryon; George Dandin; L'Avare; Le Tartuffe; Monsieur de Pourceaugnac; Les Amants magnifiques.

Chaque pièce est imprimée sur **papier Whatman**, avec double épreuve de la gravure.

635. **MOLIÈRE**. Théâtre complet, publié par D. Jouaust, préface par M. D. Nisard, dessins de Louis Leloir, gravés à l'eau-forte par Flameng. *Paris, Librairie des Bibliophiles*, 1876-1883, 8 vol. gr. in-8, fig., br., couv.

Exemplaire imprimé sur **grand papier vergé**, format soleil, avec les gravures en double épreuve avec et avant la lettre.

On y a ajouté un portrait de Molière gravé par Henriquel Dupont, d'après Ingres. Epreuve sur chine.

Exemplaire au nom de M. Giacomelli.

636. **Monde militaire** (Le). Journal hebdomadaire illustré, directeur L. de Coincey. *Paris. Du dimanche 14 octobre 1883 au samedi 2 août 1884*. 31 numéros en 1 vol. gr. in-4, fig. de Caran d'Ache, cart. dos et coins de toile brune, ébarbé.

637. **Monnier** (Henry). Les Bas-Fonds de la Société. *Paris, Jules Claye*, 1862, in-8, vél. blanc, fil. noirs sur les plats, non rog. (*Rel. de l'éditeur*).

Edition originale.

Les trois premières pièces avaient déjà été publiées dans les *Scènes populaires*, les autres sont inédites et Monnier n'obtint qu'assez difficilement l'autorisation de les faire imprimer. L'autorisation qui lui fut accordée, fut subordonnée à cette condition que le livre ne serait tiré qu'à 200 exemplaires, qu'il ne serait pas mis dans le commerce et placé par l'auteur lui-même (*Vicaire*).

On a ajouté en regard du faux-titre un **dessin à la plume d'Henry Monnier**, daté de 1869. Le premier plat de la reliure porte la photographie en buste d'Henry Monnier.

A mon ami Giacomelli. 1872. HENRY MONNIER.

638. **Monnier** (Henry). Scènes populaires, dessinées à la plume. *Paris, E. Dentu*, 1864, in-8, fig., br., couv.

On a ajouté à cet exemplaire les fragments des 16 premières pages de les *sept Sacrements. Le Baptême*, en épreuves corrigées de la main d'Henry Monnier, qui a écrit : **Exemplaire unique Henry Monnier**.

639. **Monselet** (Charles). Histoire anecdotique du Tribunal révolutionnaire. *Paris, Giraud et Dagneau*, 1853, in-12, cart. dos et coins de perc. rouge, ébarbé, couv. (*P. Vié*).

Première édition complète.

640. **Monselet** (Charles). La Lorgnette littéraire. Dictionnaire des grands et des petits auteurs de mon temps. *Paris, Poulet-Malassis et de Broise*, 1857, in-12 carré, cart. toile grise, non rog.

Edition originale.

641. **Monselet** (Charles). Œuvres. 11 vol. in-12 et in-16, br. et cart.

Les Aveux d'un pamphlétaire. *Paris, V. Lecou*, 1854. — Monsieur de Cupidon. *Paris, V. Lecou*, 1854. — Le Musée secret de Paris. *Paris, Michel Lévy frères, s. d.* (1859). — Théâtre de Figaro. *Paris, F. Sartorius*. 1861. — Almanach des Rues et des Bois, 1866. — Portraits après décès, *Paris, Ach. Faure*, 1866. — Panier fleuri, prose et vers. *Paris, Bachelin-Deflorenne*, 1873. — La Revue sans titre, 1877. — Le Petit Paris, tableaux et figures de ce temps. *Paris, Dentu*, 1879. — Petits mémoires littéraires. *Paris, Charpentier*, 1885. — Curiosités littéraires et bibliographiques. *Paris, Libr. des Bibliophiles*, 1890.
Editions originales.

642. **Monselet** (Charles). Les Oubliés et les dédaignés, figures littéraires de la fin du XVIIIe siècle. *Paris, Poulet-Malassis et de Broise*, 1861, in-12, br., couv.

Edition originale.

643. **Monselet** (Charles). Rétif de la Bretonne. Documents inédits. *Paris, Aug. Aubry*, 1858, in-12, portrait, br., couv.

Edition originale. Le faux-titre, titre et couverture ont seuls été changés.

644. **MONTESQUIEU.** Lettres Persanes, avec une préface par M. Tourneux, dessins d'Ed. de Beaumont gravés à l'eau-forte par Boilvin. *Paris, Librairie des Bibliophiles*, 1886, 2 vol. in-8, fig., demi-rel., dos et coins de mar. fauve, fil., têtes dor., non rog., couv. (*Dupré*).

Exemplaire imprimé sur **papier Whatman**, contenant la suite des figures en double épreuve : dont l'**avant la lettre**.

645. **MONTORGUEIL** (Georges). La Vie parisienne peinte par elle-même, vingt et une pointes sèches, tirées hors texte et quarante et une compositions par Henry Somm. *Paris, L. Conquet*.

1897, gr. in-8, fig., cart. Bradel, dos et coins de mar. violet, fil., tête dor., non rog., couv. (*Dupré*).

Exemplaire imprimé sur **papier de Hollande** à la forme.
Envoi de l'éditeur à M. Giacomelli.
Enrichi d'une **aquarelle originale** de **H. Somm**, avec l'envoi suivant :
Ne vois rien dans tout le bazar digne d'être présenté à M. Giacomelli.
H. Somm.

646. **Monument** (Le) de Alexandre Dumas. Œuvre de Gustave Doré. Discours et poésies prononcés le jour de l'Inauguration, avec une préface par M. Alexandre Dumas fils. *Paris, Librairie des Bibliophiles*, 1884, in-8, br.

Exemplaire imprimé sur **papier Whatman**, contenant une vue du monument gravé à l'eau-forte par Abot, et un portrait de Gustave Doré gravé par Massard.
Envoi de l'éditeur à M. Giacomelli.

647. **Monument du costume**. Texte originaux, anecdotiques et explicatifs publiés au dix-huitième siècle, en même temps que les estampes de Freudenberger et de Moreau le jeune. Réimpressions textuelles entièrement gravées sur cuivre, précédées de notices sur l'œuvre de Freudenberger et de Moreau le jeune par MM. John Grand-Carteret et Ph. Burty. *Paris, L. Conquet, s. d.*, 2 vol. gr. in-8 en feuilles, renfermés en cartons.

Exemplaire sur **papier du Japon**.

648. **Moreau** (Adolphe). E. Delacroix et son œuvre, avec des gravures en fac-simile, des planches originales les plus rares. *Paris, Librairie des Bibliophiles*, 1873, in-8, portrait et fig., br., couv.

Envoi de l'auteur à M. Giacomelli.

649. **Moreau** (Adolphe). Decamps et son œuvre, avec des gravures en fac-simile, des planches originales les plus rares. *Paris, D. Jouaust*, 1869, in-8, portrait et fig., demi-rel., dos et coins de chag. rouge, tête dor., non rog.

Édition originale imprimée à 270 exemplaires, dont 200 seulement ont été mis dans le commerce.
Exemplaire imprimé au nom de M. Giacomelli.

650. **Moreau** (Hégésippe). Le Myosotis, petits contes et petits vers. *Paris, Desessart*, 1838, gr. in-8, mar. bleu, dos orné, fil., dent. int., tête dor., non rog., couv. (*Cuzin*).

Édition originale.
Exemplaire provenant de la bibliothèque J. Noilly, avec un portrait de H. Moreau, gravé par Staal, épreuve sur Chine avant la lettre.

651. **Moreau** (Hégésippe). Le Myosotis, petits contes et petits vers. Nouvelle édition illustrée de cent trente-quatre compositions de Robaudi, gravées sur bois par Clément Bellenger. *Paris, Librairie L. Conquet*, 1893, gr. in-8, fig., demi-rel., dos et coins de mar. bleu, dos orné avec fleur de myosotis mosaïquée de mar. bleu sur mar. citron, répétée entre chaque nervure, fil., tête dor., non rog., couv. (*Dupré*).

Exemplaire imprimé sur **papier de Chine**.
Envoi de l'éditeur à M. Giacomelli.

652. **Morin** (Louis). Les Cousettes. Physiologie des couturières de Paris. Vingt et une compositions dessinées et gravées à la pointe sèche par Henry Somm. *Paris, Librairie L. Conquet*, 1895, gr. in-8, fig., cart. Bradel, dos et coins de mar. rouge, dos orné, fil., tête dor., non rog., couv. (*Dupré*).

Tirage unique à 100 exemplaires sur **Japon à la forme**.
Exemplaire offert par l'éditeur à M. Giacomelli, et enrichi d'une **aquarelle originale** de M. **H. Somm**, faite spécialement pour M. Giacomelli.
On a ajouté 9 planches de vignettes d'artiste non terminées en premier état.

653. **Morin** (Louis). Vieille idylle. Douze pointes sèches et vingt ornements typographiques par l'auteur. *Paris, Librairie L. Conquet*, 1891, in-16, fig., cart. Bradel, dos et coins de mar. orange, ébarbé, couv. (*Champs*).

Exemplaire imprimé sur papier vélin non mis dans le commerce, offert par l'éditeur à M. Giacomelli.

654. **Mucha** (Alphonse). Son œuvre, texte par L. Deschamps : Y. Rambosson : Sainte-Claire ; Ch. Saunier ; Ch. de Bussy ; Claude Manceau..... 127 illustrations par A. Mucha et un portrait-charge de l'artiste par Whidhopff. *Paris, Société anonyme de la Plume*, 1897, pet. in-4, fig., cart.

Tirage à part de la revue *La Plume*.

655. **Muller** (Eugène). La Forêt, son histoire, sa légende, sa vie, son rôle, ses habitants, illustrations de Andrieux, Bellecroix, Bodmer, Chifflart, Corot, Delort, Giacomelli, etc., gravure de F. Méaulle. *Paris, P. Ducrocq*, 1878, gr. in-8, fig., cart., dos et coins toile verte, ébarbé, couv. (*Champs*).

656. **Muller** (Eugène). La Forêt, son histoire, sa légende, sa vie, etc., 1877, in-8.

Manuscrit original du chapitre IV de l'ouvrage, *La Vie de la Forêt*, 49 pages.

657. **Muller** (Eugène). La Mionette. 28 compositions de O. Cortazzo, gravées à l'eau-forte par Abot et Clapès. *Paris, Librairie L. Conquet*, 1885, in-16, fig., demi-rel., dos et coins de mar. rouge, dos orné, avec fleur mosaïquée, répétée entre chaque nervure, fil., tête dor., ébarbé, couv. (*Champs*).

Exemplaire imprimé sur **papier du Japon**.
Offert par l'éditeur à M. Giacomelli.
On y a ajouté une eau-forte de Léop. Flameng, relative à ce roman.

658. **Musée de la Révolution.** Histoire chronologique de la Révolution française, collection de sujets dessinés par Raffet, et gravés sur acier par Frilley, destinée à servir de complément et d'illustrations à toutes les histoires de la Révolution. (Thiers, Montgaillard, Mignet, Lacretelle). *Paris, Perrotin*, 1834, in-8, fig., demi-rel. dos et coins de mar. rouge, tête dor., non rog. (*Dupré*).

Ouvrage orné de **45** planches hors texte, dessinées par Raffet, Alfred et Tony Johannot, tirées sur **Chine**.
On a ajouté à cet exemplaire un portrait de Raffet, gravé à l'eau-forte, et une couverture de livraison.

659. **Musée entomologique illustré** Histoire naturelle iconographique des Insectes, publié par une réunion d'entomologistes français et étrangers, sous la direction de J. Rothschild. *Paris, J. Rothschild*, 1876-1878, 3 vol. in-4, fig., demi-rel., dos et coins de chag. couleur différente pour chaque volume plats toile, tr. dor.

Iconographie et Histoire naturelle des coléoptères d'Europe, avec 48 planches en couleur et 335 vignettes.— Les Papillons, par A. Depuiset, avec 50 planches en couleur et 260 vignettes. —Les Insectes, avec 24 planches en couleur et 460 vignettes.

660. **Musset** (Alfred de). Mademoiselle Mimi Pinson, suivi de : Histoire d'un merle blanc. — Voyage où il vous plaira. *Paris, Michel Lévy*, 1858, in-32, cart., dos et coins de percal. bleue, ébarbés, couv.

661. **Musset** (Alfred de). Nouvelles. Les Deux Maîtresses : Emmeline : Le Fils du Titien : Frédéric et Bernerette, Pierre et Camille. Nouvelle édition illustrée de un portrait gravé par Burney et de 15 compositions de F. Flameng et O. Cortazzo. *Paris, Librairie L. Conquet*, 1887, gr. in-8, fig., demi-rel., dos et coins de mar. brun clair, dos orné avec fleurs de myosotis et marguerites, mosaïquées de mar. bleu, fil., tête dor., non rog., couv. (*Dupré*).

Exemplaire imprimé sur **grand papier vélin** à la cuve des papeteries

du Marais, avec les figures ayant la légende et le nom des artistes gravés à la pointe.
Exemplaire offert par l'éditeur à M. Giacomelli.

662. **Musset** (Alfred de). Œuvres. *Paris, G. Charpentier*, 1878-1879, 11 vol. pet. in-12. cart., vélin blanc, têtes dor., non rog., couv. (*Paul Vié*).

Un des **25** exemplaires imprimés sur **papier de Chine**, avec portraits ajoutés d'Alfred de Musset, gravés d'après Landelle, Gavarni, Mezzara, etc., publiés par Lemerre, épreuves sur **papier de Chine**.

663. **Musset** (Alfred de). Œuvres complètes. *Paris, G. Charpentier*, 1884. 11 vol. pet. in-8. papier vergé, fig., cart. dos et coins toile brune, ébarbés, couv. (*P. Vié*).

Edition illustrée d'après les compositions de Giacomelli; P. Rouffio; Blanchon; Gervex; J.-P. Laurens, Adr. Moreau, H. Gervex; gravées à l'eau-forte par Aug. Massé; F. Desmoulins; F. Besnier; Ramus; Manesse; Eug. Abot. etc.

664. **MUSSET** (Alfred de). **Œuvres**. *Paris, Alph. Lemerre*, 1885-1894. 10 vol. in-4. fig., cart. Bradel, dos et coins de mar. de diverses couleurs, compart. de fil. sur les dos avec fleurons mosaïqués, têtes dor., ébarbés, couv. (*Dupré*).

Poésies, 1828-1852, 2 vol. — Comédies et proverbes, 3 vol. — La Confession d'un Enfant du siècle, 1 vol. — Nouvelles, 1 vol. Contes et Nouvelles, 1 vol. — Mélanges de littérature et de critique, 1 vol. — Œuvres posthumes, 1 vol.
Un des **50** exemplaires imprimés sur **papier du Japon.**
Il contient sur un feuillet de garde du tome 1er l'envoi suivant : *A mon vieil ami Giacomelli, son radicalement dévoué. 24 septembre 1884.*
A. Lemerre.
Il est illustré de la suite de 12 eaux-fortes de Henri Pille, gravée par Louis Monziès, sur **Japon**.
On y a ajouté : La suite des aquarelles de Eugène Lami. Eaux-fortes par Ad. Lalauze, en double épreuve : avec la lettre et avant la lettre avec remarque.
Exemplaire unique enrichi de **25 aquarelles originales de Giacomelli ; 2** en tête du premier volume ; **1** en tête du second volume et au tome VII toute la nouvelle : **Histoire d'un merle blanc** est ornée de **22 aquarelles**.

665. **Musset** (Alfred de). On ne badine pas avec l'amour, proverbe en 3 actes, orné d'une couverture illustrée et de 35 lithographies originales par Louis Morin. *Paris, Librairie L. Conquet, L. Carteret et Cie, succrs*, 1904. gr. in-8. fig. en couleurs, br., couv. ill.

Tirage unique à 200 exemplaires de grand luxe sur papier vélin du Ma-

rais, à la forme, avec les lithographies originales imprimées dans le texte.
Exemplaire avec la plaquette supplémentaire parue sous le titre de : *Etrennes aux souscripteurs*, 8 pages et 7 fig., couv. illust.
Exemplaire offert par l'éditeur.

666. **Musset** (Alfred de). Poésies. — Nouvelles poésies. *Bruxelles, Tarride, H. Tarlier*, 1853, 2 vol. in-32, demi-rel. dos et coins de mar. bleu, têtes dor., non rog.

667. **Musset** (Alfred de). Un Spectacle dans un fauteuil. *Bruxelles, Imprimerie d'Adolphe Wahlen*, 1833, in-12, demi-rel. veau rouge, non rog.

668. **Musset** (Alfred de). Théâtre. Avec une introduction par Jules Lemaitre, dessins de Charles Delort, gravés par Boilvin. *Paris, Librairie des Bibliophiles*, 1889, 4 vol. in-8, fig., demi-rel. dos et coins de mar. rouge, têtes dor., ébarbes, couv. (*Dupré*).

Exemplaire imprimé sur **papier de Chine fort,** contenant la suite des gravures en double épreuve, avec et avant la lettre.
Envoi de l'éditeur à M. Giacomelli.

669. **Musset** (Alfred de). L'Homme, le Poëte, par Ad. Perreau. *Paris, Poulet-Malassis*, 1862, in-12 de 60 pages, cart. dos et coins de perc. bleue. — Alfred de Musset et ses prétendues attaques contre Victor Hugo, par Ch. de Lovenjoul. *Paris, Edm. Rouveyre*, 1878, br., in-16 de 16 pages.

670. **Nadaud** (Gustave). Chansons de salon. — Chansons légères. — Chansons populaires. Eaux-fortes par Edmond Morin. *Paris, Librairie des Bibliophiles*, 1879, 3 vol. in-8, fig., br., couv.

Exemplaire imprimé sur **papier Whatman,** contenant 12 eaux-fortes d'Edmond Morin, en double épreuve, avec et avant la lettre.
Envoi de l'éditeur à M. Giacomelli.

671. **Napoléon Ier**. 3 vol. in-8, br.

Arthur Chuquet. La Jeunesse de Napoléon. Brienne. *Paris, Arm. Colin*, 1897. — Arth. Lévy. Napoléon intime. *Paris, Plon*, 1893. — Napoléon jugé par un anglais. Lettres de W. Warden, traduites par le Dr Cabanès. *Paris, Vivien*, 1901.

672. **Natural** history for Young Folks with numerous pictures by Giacomelli by Mrs C.-C. Campbell. *London, T. Nelson*, 1884, pet. in-8, cart. de l'éditeur.

673. **Nerval** (Gérard de). Les Filles du feu. Sylvie — Jemmy — Octavie — Isis — Emilie. Avec une préface de J. Levallois. Dessins d'Emile Adan, gravés à l'eau-forte par Le Rat. *Paris, Librairie des Bibliophiles*, 1888, gr. in-8, fig., cart. Bradel dos et coins de mar. grenat, non rog., couv.

Exemplaire sur **grand papier de Chine,** contenant la suite des figures en double épreuve, avec et avant la lettre.
On y a ajouté une lithographie représentant l'endroit où l'on trouva le corps de Gérard de Nerval, mort d'une façon si mystérieuse et si tragique.

674. **Nerval** (Gérard de). La Main enchantée, préface de Jules de Marthold, illustré d'un portrait et de 24 compositions par Marcel Pille, gravées au burin et à l'eau-forte par Lesueur et Manesse. *Paris, L. Conquet, L. Carteret et Cie, succrs*, 1901, in-12, fig., demi-rel. dos et coins de mar. gris, fil., tête dor., non rog., couv. (*Dupré*).

Exemplaire imprimé sur papier vélin du Marais, contenant la suite des figures en double épreuve.
Envoi de l'éditeur à M. H. Giacomelli.

675. **Nerval** (Gérard de). Sylvie, souvenirs du Valois, préface par Ludovic Halévy, 42 compositions dessinées et gravées à l'eau-forte par Ed. Rudaux. *Paris, Librairie L. Conquet*, 1886, in-12, fig., mar. vert, dos orné, dent. de branchages avec fleur mosaïquée répétée sur le dos et aux angles des plats, compart. de mar. vert à l'intérieur avec dent., doublure et gardes en soie brune, tr. dor., couv. (*Marius Michel*).

Exemplaire imprimé sur **papier du Japon**, contenant **3 états** des eaux-fortes (eaux-fortes pures, avant la lettre et avec la lettre).
Envoi de l'éditeur à M. Giacomelli.

676. **Neuville** (A. de). En Campagne. Tableaux et dessins, texte de Jules Richard. *Paris, Boussod, Valadon et Cie, Ludovic Baschet, s. d.*, in-fol. de 80 pages, fig. et planches hors texte, en feuilles dans le cart. de l'éditeur.

Exemplaire imprimé sur papier extra-fort des papeteries du Marais, contenant 60 compositions hors texte.

677. **Nodier** (Charles). Le Bibliomane. Vingt-quatre compositions de Maurice Leloir, gravées sur bois par F. Noël, préface de R. Vallery-Radot. *Paris, Librairie L. Conquet*, 1894, in-16, fig., cart. Bradel dos et coins de mar. bleu, non rog., couv. (*Champs*).

Exemplaire imprimé sur **papier de Chine**.

678. **Nodier** (Charles). Le Dernier chapitre de mon roman, préface de Maurice Tourneux. Nouvelle édition, illustrée de trente-trois compositions de Louis Morin. *Paris, Librairie L. Conquet*, 1895, in-8, fig., en feuilles dans un emboîtage.

Tirage unique à 200 exemplaires numérotés sur papier vélin blanc à la forme du Marais. Tirage des illustrations en deux teintes superposées et rehaussées à l'aquarelle.
Exemplaire offert par l'éditeur à M. Giacomelli.

679. **Nodier** (Charles). Histoire du roi de Bohême et de ses sept châteaux. *Paris, Delangle frères*. 1830, in-8, demi-rel. dos et coins de veau fauve, dos orné, non rog. (*Champs*).

Ouvrage illustré de 50 vignettes dans le texte, gravées sur bois par Porret, d'après Tony Johannot; page 303, on trouve les portraits de Charles Nodier et de Tony Johannot.
Exemplaire auquel on a ajouté **19 fumés**, des vignettes de Porret, montés sur Chine.

680. **NODIER** (Charles). Journal de l'expédition des Portes de Fer. *Paris, Imprimerie royale*, 1844, gr. in-8, fig., mar. rouge foncé jans., doublure et gardes en soie moirée rose, dent., tr. dor.

Ouvrage illustré de figures hors texte sur papier de Chine, avant la lettre et de vignettes dans le texte, d'après Raffet, Decamps, Dauzats.
Un des chefs-d'œuvre de l'illustration au XIXe siècle.

681. **Nodier** (Charles). Œuvres. 11 vol. in-12. cart. dos et coins de perc. rouge.

Franciscus Columna. *Paris, Techener*, 1844, édition originale. — Les Sept châteaux du roi de Bohême. *Paris, V. Lecou*, 1852. — Nouvelles, 1841 : Contes fantastiques, 1855 : Souvenirs de jeunesse, 1855 ; Romans, 1855 ; Contes de la veillée, 1856 ; Souvenirs de la Révolution et de l'Empire, 1850-1857 ; Nouvelles, 1865, 8 vol., édition Charpentier. — Charles Nodier. Episodes et souvenirs de sa vie, par Mme Mennessier-Nodier. *Paris, Didier*, 1867.

682. **Nogaret** (F.). L'Aristenète français. Edition illustrée de cinquante compositions de Durand, gravées à l'eau-forte par E. Champollion. *Paris, L. Conquet*, 1897, 2 vol. in-16, fig., br., couv.

Edition imprimée à 150 exemplaires.
Exemplaire imprimé sur papier vélin du Marais, offert à M. H. Giacomelli.

683. **Norvins** (de). Histoire de Napoléon, vignettes par Raffet. *Paris, Furne*, 1839, gr. in-8, fig., demi-rel. dos et coins de

mar. rouge, chiffre impérial couronné entre chaque nervure du dos, fil., tête dor., ébarbé.

Ouvrage orné de nombreuses vignettes dans le texte et de grands sujets sur bois, tirés à part.
Exemplaire du premier tirage, auquel on a ajouté une couverture de livraison.

684. **Norvins** (de). Histoire de Napoléon, vignettes par Raffet. *Paris, Furne*, 1839, gr. in-8, fig., demi-rel. dos et coins de mar. vert, emblèmes impériaux sur le dos, fil., tête dor., non rog. (*Champs*).

Ouvrage illustré d'un frontispice, de vignettes dans le texte et de 80 grands sujets sur bois, tirés à part.
Exemplaire de premier tirage, contenant le frontispice en double état, avec et avant la lettre, couverture de la 5e livraison, ajoutée.

685. **Obole de la vie moderne** (L'), aux inondés de Murcie. *S. l. n. d.*, gr. in-8 de 10 feuillets, titre gravé par Giacomelli, texte encadré de vignettes, br., couv. mordorée.

Poésies par V. Hugo, Th. de Banville, J.-M. de Hérédia, F. Coppée et A. Silvestre, dessins de Giacomelli, H. Scott, Rico Madrazo, A. Marie, Courboin, Clairin, Fortuny.
Texte gravé et tiré à 100 exemplaires, par Ch. Gillot.
Exemplaire sur **papier de Chine**, contenant sur le feuillet de garde, l'envoi suivant :
A mon bon ami Giacomelli, l'un des auteurs de cette merveilleuse plaquette. Son bien dévoué. EMILE BERGERAT.

686. **Orléans** (Duc d'). Campagnes de l'Armée d'Afrique, 1835-1839, publié par ses fils, avec un portrait de l'auteur et une carte de l'Algérie. *Paris, Michel Lévy*, 1870, in-8, portr. et carte, cart. Bradel dos et coins de mar. rouge, non rog., couv. (*Champs*).

Exemplaire portant l'envoi suivant :
A Madame la Duchesse d'Elchingen, souvenir du Duc d'Orléans, offert par ses fils. LOUIS-PHILIPPE D'ORLÉANS ; ROBERT D'ORLÉANS.

687. **Orléans** (Duc d'). Récits de campagne, par ses fils le Comte de Paris et le Duc de Chartres. *Paris, Calmann Lévy*, 1892, gr. in-8, fig., cart. Bradel dos et coins de mar. bleu, non rog., couv. (*Champs*).

Un des **30** exemplaires imprimés sur **papier de Chine**.

688. **Parigot** (Hippolyte). Le Drame d'Alexandre Dumas, étude dramatique, sociale et littéraire. *Paris, Calmann Lévy*, 1899.—

Les Trois Dumas (Le général Dumas. Alexandre Dumas père. Alexandre Dumas fils). *Paris, Librairie illustrée, s. d.* (1896), 2 vol. in-12, cart. Bradel dos et coins de mar. vert. non rog.

689. **Paris à l'eau-forte**. Actualité. — Curiosité. — Fantaisie. Rédacteur en chef, Richard Lesclide. Directeur des eaux-fortes, Frédéric Regamey. *Paris, R. Lesclide*, 1873, 2 vol. gr. in-8, fig., cart. dos et coins de toile grenat, ébarbés.

690. **Parnasse contemporain** (Le). Recueil de vers nouveaux. *Paris, Alph. Lemerre*, 1866-1871-1876, 3 vol. in-8, br., couv.

Le 3e volume contient sur le faux-titre, l'envoi suivant :
A mon ami le citoyen Giacomelli, son radicalement dévoué.
A. Lemerre.

On y joint : Catulle Mendès. La Légende du Parnasse contemporain. *Bruxelles*, 1884, in-12, cart. dos et coins de perc., non rog.

691. **Parnassiculet** (Le) contemporain. Recueil de vers nouveaux précédés de l'Hôtel du Dragon bleu (par P. Arène, Delvau, Alph. Daudet) et orné d'une étrange eau-forte. *Paris, J. Lemer*, 1867, in-12, br. de 36 pages, front., couv.

Edition originale. Frontispice de Delor sur Chine, avec 2 épreuves en plus, tirées en sanguine.

692. **Pastoral** days or mémories of a new england year by W. Hamilton Gibson, illustrated. *New-York, Harper et P others*, 1881, in-4, fig., cart. avec fers spéciaux, tr. dor.

693. **Pellico** (Silvio). Mes Prisons, traduction nouvelle par Francisque Reynard, dessins de Bramtot gravés par Toussaint. *Paris, Librairie des Bibliophiles*, 1887, in-8, fig., br., couv.

Exemplaire imprimé sur **papier Whatman**, contenant les gravures en double épreuve avec et avant la lettre.
Envoi de l'éditeur à M. Giacomelli.

694. **PERRAULT**. Contes du temps passé, contenant les Fées, le Petit Chaperon rouge, Barbe-Bleue, le Chat botté..... précédés d'une notice littéraire sur Charles Perrault, par M. E. de La Bédollière, illustrés par MM. Pauquet, Marvy, Jeanron, Jacque et Beaucé. *Paris, L. Curmer*, 1843, gr. in-8, fig., mar. bleu, compart. de 9 filets sur les plats et int., tr. dor. (*Chambolle-Duru*).

Exemplaire du premier tirage, avec la couverture.
Jolie édition entièrement gravée, ornée de figures à chaque page, couverture noire avec impression en or, chaque page est intercalée d'une feuille blanche.

695. **Perrault.** Cendrillon. *S. l. n. d.*, in-8, titre et 7 feuillets gravés par Ch. Jacque, demi-rel. dos et coins de mar. bleu, non rog. (*Champs*).

Extrait des *contes du temps passé*, édition Curmer. 1854.

696. **Perrault.** Contes, précédés d'une notice sur l'auteur, par le Bibliophile Jacob (Paul Lacroix) et suivies d'une dissertation sur les contes de Fées par le baron Walckenaer. *Paris, Magnin, Blanchard et Cie. s. d.*, gr. in-8. demi-rel. chag. rouge, plats toile. tr. dor.

Edition entièrement gravée, réimpression de l'édition Curmer, illustrations de Pauquet, Collignon, Marvy, J. Compagnon, Jeanron, etc., chaque conte est précédé d'un frontispice, tiré en bistre.

697. **Perrault.** Contes. Dessins de Gustave Doré, préface par P.-J. Stahl. *Paris, J. Hetzel et Firmin Didot frères et fils*, 1862, in-fol., fig., cart. toile rouge, fers spéciaux, ébarbé.

Premier tirage des illustrations de Gustave Doré, épreuves sur papier de Chine.

698. **Perrault.** Contes, précédés d'une préface par Paul Lacroix, et suivis de la dissertation sur les contes de Fées par le baron Walckenaer. Douze eaux-fortes par Lalauze. *Paris, Librairie des Bibliophiles*, 1876, 2 vol. in-8, fig., br., couv.

Exemplaire imprimé sur **papier Whatman,** contenant les gravures en double épreuve avec et avant la lettre.

699. **Perrault.** Contes, publiés d'après les textes originaux avec notice, notes, etc., par Frédéric Dillaye. *Paris, Alph. Lemerre*, 1880, in-8. texte encadré d'un filet rouge, br., couv.

700. **Perrault.** Quatre Contes (La Barbe-Bleue. La Belle au Bois dormant. Cendrillon. Les Fées). Illustrés par Edouard de Beaumont. *Paris, Boussod, Valadon et Cie.* 1888, in-4, fig. en feuilles, dans un emboitage cart.

Edition ornée de 67 illustrations en photogravure.

701. **Petit de Julleville** (L.). Histoire du Théâtre en France. Les Comédiens en France au moyen âge. *Paris, L. Cerf*, 1885, in-12, br., couv.

Edition originale.
Exemplaire imprimé sur **papier de Hollande.**

702. **Petite Bibliothèque Charpentier.** *Paris, Charpentier*, 1878-1882, 9 vol. in-24, fig., br., couv.

Paul de Musset. Lui et Elle. — Alfr. de Vigny. Cinq Mars, 2 vol.; Stello : Servitudes et grandeur militaire ; Poésies complètes ; Journal d'un poète ; Théâtre, 2 vol.
Exemplaires imprimés sur **papier de Hollande**.

703. **Petite Bibliothèque littéraire** (auteurs contemporains). *Paris, Alph. Lemerre*, 1881-1896, 7 vol. pet. in-12, port. br., couv.

Jules Breton. Œuvres poétiques (Envoi d'auteur à M. Giacomelli). — L. Cladel. Le Bouscassié. — Albert Glatigny. Poésies complètes. — Gustave Flaubert. Bouvard et Pécuchet. — Poésies de Daniel Lesueur. — Read. — Poésies posthumes. — J. Barbey d'Aurevilly. Les Diaboliques.

704. **Peyre** (Roger). Napoléon Ier et son temps. Ouvrage illustré de 13 planches en couleur et 431 gravures et photogravures d'après les documents de l'époque et les monuments de l'art et accompagné de 21 cartes ou plans. *Paris, Firmin Didot*, 1888, 1 tome divisé en 2 vol. gr. in-8, fig., cart. dos et coins perc. verte, non rog., couv.

705. **Piedagnel** (Alexandre). Avril. Frontispice de Giacomelli, gravé à l'eau-forte par Lalauze. *Paris, Isidore Liseux*, 1877, in-12, texte encadré d'un fil. rouge, demi-rel. dos et coins de mar. vert, tête dor. ébarbé, couv. (*Dupré*).

Exemplaire imprimé sur **papier de Chine**, avec le frontispice en triple épreuve :
A un artiste inimitable, à un ami excellent à H. Giacomelli, cordial hommage de l'auteur, profondément reconnaissant.

A. Piedagnel.

Passy, 31 mai 1877.

706. **Piedagnel** (Alexandre). Hier. *Paris, Claude Motteroz*, 1882, in-8, vignettes tirées en bistre, encadrant le texte, br., couv.

Exemplaire contenant sur le faux-titre une pièce de vers autographe de M. Piedagnel adressée à M. Giacomelli.

. . . .

Hier, j'ai fait ce livre ; aujourd'hui je l'envoie
Chez un maître, en priant Hector Giacomelli
De le lire au jardin : s'il le trouve joli
Demain l'auteur aura le cœur rempli de joie !

707. **Piedagnel** (Alexandre). J.-F. Millet, souvenirs de Barbizon, avec un portrait et neuf eaux-fortes, par Charles Beauverie, Maxime Lalanne, Ad. Lalauze, Piguet, Félicien Rops, Saint-Ray-

mond et Alfr. Taiée. *Paris, Vve A. Cadart*, 1876, gr. in-8, cart. dos et coins perc. bleue, non rog., couv. (*Paul Vié*).

Exemplaire imprimé sur **papier de Hollande**.
A H. Giacomelli, son admirateur reconnaissant.
ALEXANDRE PIEDAGNEL.

708. **Piedagnel** (Alexandre). Œuvres. 5 vol. in-12. br. et cart.

Les Ambulances de Paris pendant le Siège. *Paris*, 1872. — Jules Janin. 1804-1874. *Paris, Jouaust*, 1874, portrait. — Nouvelle édition, très augmentée. *Paris, Sandoz et Fischbacher*, 1877. — En Route. *Paris, Fischbacher*, 1886. — Favart. La Chercheuse d'esprit opéra-comique, introduction par Alex. Piedagnel. *Paris, Jouaust*, 1886.
Editions originales. Tous ces volumes portent un envoi d'auteur à M. Giacomelli.

709. **Pitre-Chevalier**. La Bretagne ancienne et moderne, illustrée par MM. A. Leleux, O. Penguilly, T. Johannot. *Paris, W. Coquebert, s. d.* (1844). — Bretagne et Vendée. Histoire de la Révolution française dans l'Ouest (complément de la Bretagne (ancienne et moderne), illustrée par A. Leleux, O. Penguilly, T. Johannot. *Paris, W. Coquebert, s. d.* (1845). Ensemble 2 vol. gr. in-8, vignettes dans le texte, et gravures hors texte, demi-rel. dos et coins, mar. grenat, compart. de fil. et semis d'hermines sur les dos, non rog., couv. (*Champs*).

Exemplaires de premier tirage.

710. **Planche** (Gustave). Portraits d'artistes. Peintres et sculpteurs. 2 vol. — Portraits littéraires. Troisième édition. 2 vol. — Etudes sur les Arts. 1 vol. — Etudes sur l'Ecole française (1831-1852). Peinture et Sculpture. 2 vol. — Etudes littéraires. 1 vol. *Paris, Michel Lévy frères et Charpentier*, 1853-1855. Ensemble 8 vol. in-12. cart., dos et coins toile verte, non rog., couv. (*P. Vié*).

711. **PLEIADE** (La). Ballades, Fabliaux, Nouvelles et Légendes. Homère, Véda-Vyasa, Marie de France, Burger, Hoffmann, Ludwig Tieg, Ch. Dickens, Gavarni, H. Blaze. *Paris, Curmer*, 1842, pet. in-8, fig. demi-rel. dos et coins de mar. bleu, dos orné, fil., tête dor. ébarbé, couv.

Figures de Daubigny, Pauquet, Jacque, Trimolet, Penguilly, etc.
Bel exemplaire bien conforme à la description de Brivois.

712. **Plon** (Eug.). Thorvaldsen, sa vie et son œuvre, ouvrage enrichi de deux gravures au burin par F. Gaillard et de trente-cinq compositions du Maître. *Paris, Henri Plon*, 1867, gr. in-8, fig., cart., dos et coins de toile olive, ébarbé, couv. (*Champs*).

713. **Poésies en patois du Dauphiné.** Edition illustrée. Dessins de M. D. Rahoult, gravures de M. E. Dardelet. *Grenoble. Rahoult et Dardelet. Baratier frères.* 1864-1875. in-4. fig., cart. dos et coins de toile brune, non rog., couv.

Grenoblo Malhéron. — Coupi de la Lettra. — Jacquety de le Comare. Exemplaires imprimés sur grand papier vélin fort.

714. **Poitou** (Eugène). Voyage en Espagne. Illustrations par V. Foulquier. *Tours. Alfred Mame et Fils*, 1869, gr. in-8, fig., br., couv.

Exemplaire contenant le premier tirage des illustrations de Foulquier.

715. **Pontsevrez.** L'Etoile de Picardie, nouvelle illustrée de neuf compositions originales de L.-Ed. Fournier. *Paris, Société d'éditions d'art. L. Henry May.* 1901. in-12, fig., br., couv. illust.

Exemplaire imprimé sur **papier de Hollande**.
Envoi de l'auteur à M. Giacomelli.

716. **Popelin** (Claudius). Histoire d'Avant-Hier, poëme. *Paris, G. Charpentier et Cie.* 1886, in-4, papier vélin fort, br., couv.

Envoi d'auteur à M. Edouard de Beaumont.

717. **Portalis** (Le Baron Roger). Honoré Fragonard, sa vie et son œuvre. 210 planches et vignettes d'après les peintures, estampes et dessins originaux. Eaux-fortes par Lalauze, Champollion, Courtry, de Mare, Wallet, Greux, etc. *Paris. J. Rothschild.* 1889, 1 tome divisé en 2 vol. gr. in-8, fig., cart. dos et coins de toile grise, non rog., couv. illust.

Exemplaire imprimé sur papier simili-Japon spécialement fabriqué pour cette publication.

718. **Prévost** (L'abbé). Histoire de Manon Lescaut et du chevalier Des Grieux, précédée d'une étude par Arsène Houssaye, six eaux-fortes par Hédouin. *Paris, Librairie des Bibliophiles*, 1874. 2 vol. in-8, fig., demi-rel., dos et coins de mar. bleu, têtes dor. non rog. (*Dupré*).

Exemplaire imprimé sur **papier Whatman**, contenant les figures en double épreuve, avant et avec la lettre.

719. **Prévost** (L'abbé). Histoire de Manon Lescaut, avec une notice par M. Anatole France. *Paris. Alph. Lemerre.* 1878, in-8, texte encadré d'un fil. rouge, br., couv.

Exemplaire imprimé sur **papier Whatman,** contenant les eaux-fortes d'après Gravelot et Pasquier, gravées par Louis Monziès en double épreuve.

720. **Prévost** (L'abbé). Histoire de Manon-Lescaut et du chevalier Des Grieux. Préface de Guy de Maupassant. Illustrations de Maurice Leloir. *Paris. Librairie artistique H. Launette*, 1885, gr. in-8, fig., demi-rel., dos et coins de mar. rose, tête dor., non rog., couv. illust. (*Dupré*).

Edition ornée de 12 planches hors texte gravées à l'eau-forte par L. Ruet et de 225 compositions dans le texte gravées sur bois par J. Huyot.

Exemplaire sur **papier du Japon**, imprimé au nom de M. Giacomelli, contenant les planches hors texte en **3 états**. Eau-forte pure ; avant la lettre avec remarque et avec la lettre.

Au faux-titre très belle **aquarelle originale** de **Maurice Leloir**.

721. **Prévost** (L'abbé). Histoire de Manon Lescaut. *Paris, H. Launette*, 1885, in-4, cart. Bradel, dos et coins de mar. lilas, tête dor., ébarbé (*Dupré*).

Tirage à part des vignettes sur papier du Japon et des 12 planches hors texte sur satin.

722. **Prévost** (Marcel). Romans. *Paris, Alph. Lemerre*, 1890-1897, 7 vol. in-12, 4 vol. br. et 3 vol. cart., dos et coins de perc. bleue, ébarbés, couv.

Cousine Laura. Mœurs de Théâtre. 1890. — La Confession d'un Amant, 1891. — Lettres de Femmes, 1892. — L'Automne d'une Femme, 1893. *Envoi d'auteur à M. Giacomelli.* — Nouvelles Lettres de Femmes, 1894. — Le Jardin secret, 1897. — Dernières lettres de Femmes, 1897.

Editions originales.

723. **Prisme** (Le). Encyclopédie morale du Dix-neuvième siècle, illustré par MM. Daumier, Gagniet, Gavarni, Grandville, Malapeau, Meissonier, Pauquet, Penguilly, Raymond Pelez, Trimolet. *Paris, L. Curmer*, 1841, gr. in-8, fig., demi-rel., veau brun, tr. marb.

724. **Quatrelle**. A Coups de fusil. Ouvrage illustré de trente dessins originaux hors texte par A. de Neuville. *Paris, G. Charpentier*, 1877, in-4, fig., demi-rel., dos et coins de mar. bleu, jans., tête dor., non rog.

Exemplaire imprimé sur **papier de Hollande**, avec la suite des figures hors texte en double état sur **papier de Chine**.

725. **Quevedo** (Francisco de). Histoire de Pablo de Ségovie, traduite de l'Espagnol et annotée par A. Germond de Lavigne, illustrée de nombreux dessins par D. Vierge. *Paris, L. Bonhoure*,

1882, pet. in-8, papier vergé teinté, fig., demi-rel., dos et coins de mar. brun, tête dor., ébarbé, couv. (*Dupré*).

Exemplaire auquel est ajouté : une eau-forte originale de D. Vierge et **4 fumés**.

726. **Quinet** (Edgar). La Révolution. *Paris, Imprimerie nationale*, 1899, 2 vol. in-8, cart., non rog.

Ouvrage publié par ordre du Garde des Sceaux, en commémoration du Centenaire de 1789.

727. **Quinze Joyes** (Les) de Mariage avec des notes et un glossaire par D. Jouaust et une préface de Louis Ulbach. Eaux-fortes par Ad. Lalauze. *Paris, Librairie des Bibliophiles*, 1887, in-8, cart. Bradel, dos et coins de mar. vert olive, compart. de fil. croisés sur le dos, tête dor., non rog., couv. (*Dupré*).

Exemplaire sur **papier Whatman**.

728. **Rabelais**. Les Cinq livres publiés avec des variantes et un glossaire par P. Chéron, et ornés de onze eaux-fortes par E. Boilvin. *Paris, Librairie des Bibliophiles*, 1876-77, 5 vol. in-8, fig., br., couv.

Exemplaire imprimé sur **papier Whatman**, contenant les eaux-fortes en double épreuve avec et avant la lettre.

729. **Rabelais**. Œuvres, contenant la vie de Gargantua et celle de Plantagruel, précédées d'une notice historique sur la vie et les ouvrages de Rabelais, par P. L. (Paul Lacroix). Illustrations par Gustave Doré. *Paris, J. Bry aîné*, 1854, gr. in-8 à 2 col., fig., demi-rel., dos et coins de mar. bleu, tête dor., ébarbé (*Dupré*).

Premier tirage des illustrations de Gustave Doré.

Exemplaire avec un envoi au crayon de Gustave Doré au sculpteur Préault.

On y a ajouté un portrait de Gustave Doré, **croquis original sur ivoire**, au crayon et à la sépia non terminé.

On a collé sur les deux plats intérieurs la couverture de ce livre.

730. **Rabelais**. Œuvres. Edition conforme aux derniers textes revus par l'auteur. Une notice et un glossaire par Pierre Jannet. Illustrations de A. Robida. *Paris, A la Librairie illustrée, s. d.*, 2 vol. in-4, fig. dans le texte et planches hors texte en couleurs, br., couv.

Exemplaire contenant un envoi et une lettre autographes de M. Robida à M. Giacomelli.

Aquarelle originale de **Robida** sur le faux-titre.

731. **Racine**. Théâtre, orné de vignettes gravées à l'eau-forte sur les dessins d'Ernest Hillemacher, par Frédéric Hillemacher. *Paris, Librairie des Bibliophiles*, 1873-74. 4 vol. in-8, papier vergé de Hollande, fig., br., couv.

732. **Raffet**. Notes et croquis de Raffet, mis en ordre et publiés par Auguste Raffet, avec deux cent cinquante-sept dessins inédits, gravés en relief par Amand-Durand. *Paris, Goupil*, 1878, in-fol. fig., cart. dos et coins de toile grenat, couv., ébarbé.

733. **Rameau** (Jean). La Chanson des Etoiles. — Les Féeries. *Paris, P. Ollendorff*, 1888-1897, 2 vol. in-12, br., couv.

Editions originales.
Exemplaires imprimés sur **papier de Hollande**.

734. **RAMEAU** (Jean). **Nature**, avec une eau-forte de Lalauze. *Paris, Albert Savine*, 1891, gr. in-8, mar. vert clair, dent. int., non rog., couv. (*Champs*).

Ouvrage imprimé à 500 exemplaires, tous numérotés et signés par l'auteur.
Exemplaire unique enrichi par M. **Giacomelli** de **146 aquarelles originales ;** la dernière est signée de l'artiste et porte : Achevé avril 1901.
En tête un portrait de M. Giacomelli, gravé par Lalauze, épreuve sur Japon.

735. **Rameau** (Jean). Nature, avec une eau-forte de A. Lalauze. *Paris, Albert Savine*, 1891, in-8, papier vélin teinté, br., couv.

Le faux-titre porte l'envoi suivant :
A M. Armand Frère, hommage affectueux. J. Rameau.

736. **Rameau** (Jean). Poëmes fantasques, illustrations de Gambard. *Paris, Ed. Monnier*, 1883, gr. in-8, fig., cart. Bradel, dos et coins de mar. rouge, non rog., couv.

Exemplaire imprimé sur **papier de Hollande**.

737. **Ramond** (F. C.). Les personnages de Rougon-Macquart, pour servir à la lecture et à l'étude de l'œuvre de Emile Zola. *Paris, Bibliothèque G. Charpentier, Eug. Fasquelle*, 1901, in-12, br., couv.

Edition originale.
Exemplaire imprimé sur **papier de Hollande**.

738. **Regnault** (Henri). Correspondance annotée et recueillie par Arthur du Parcq, suivie du catalogue complet de l'œuvre de H. Regnault. *Paris, G. Charpentier*, 1872, in-12, portrait gravé à l'eau-forte par Laguillermie, br., couv.

Edition originale.
Exemplaire tiré sur **papier de Hollande**.

739. **Reiber** (Emile). Les Propos de table de la vieille Alsace, illustrés tout au long de dessins originaux des anciens maîtres alsaciens. *Imprimé à Paris par R. Engelmann, se vend chez H. Launette*, 1886, in-4, fig., br., couv.

Exemplaire imprimé sur **papier du Japon**.

740. **Renan** (Ernest). Le Broyeur de Lin, avec préface des Souvenirs d'enfance et de jeunesse. Vingt-sept eaux-fortes originales de Rudaux. *Paris, Librairie L. Conquet, L. Carteret et Cie, succrs*, 1901, in-8, fig., demi-rel., dos et coins de mar. olive, fil. sur le dos et les plats, tête dor., non rog., couv. (*Dupré*).

Exemplaire imprimé sur papier vélin du Marais, contenant le tirage à part avant la lettre des illustrations.

741. **Renan** (Ernest). Ma Sœur Henriette, avec illustrations d'après Henri Scheffer et Ary Renan, reproduites par l'héliogravure. *Paris, Calmann Lévy*, 1895, in-16, fig., cart. Bradel, dos et coins de mar. orange, fil., tête dor., ébarbé, couv. (*Dupré*).

742. **Renan** (Ernest). Vie de Jésus. *Paris, Michel Lévy frères*, 1863, in-8, cart. perc. bleue, ébarbé, couv. (*Paul Vié*).

Edition originale.

743. **Réveilhac** (Paul). Bécasse. Illustrations de Jules Haro. *Evreux, Impr. de Ch. Herissey*, 1884, in-12, fig., br., couv.

Edition originale imprimée à 200 exemplaires.
Exemplaire offert par l'auteur à M. Giacomelli.

744. **Réveilhac** (Paul). Etapes d'un Mobile parisien. Six compositions de Sahib, gravées par Clapès. *Paris, C. Marpon et E. Flammarion*, 1886, in-12, fig., br., couv.

Exemplaire imprimé sur **papier du Japon**, avec les figures en double épreuve.
Envoi et lettre de M. P. Réveilhac à M. Giacomelli.

745. **Revue Illustrée**. De l'Origine 1886 à décembre 1892. 14 vol. gr. in-8.

Les 6 premiers volumes sont en demi-reliure chagrin rouge. Les autres sont cartonnés dos et coins de toile.

746. **Richepin** (Jean). La Chanson des Gueux. Nouvelle édition. *Paris, Bibliothèque Charpentier*, 1891. in-12, cart., dos et coins de perc. grenat, ébarbé, couv. (*Champs*).

Edition définitive.
Exemplaire imprimé sur **papier de Hollande**.

747. **Rictus** (Jehan). Les Soliloques du pauvre. *Chez l'Auteur* (*Paris. Impr. de l'Art E. Moureau*), 1897, pet. in-8 carré, pap. vélin, port. br., couv. par Steinlen.

748. **Rictus** (Jehan). Les Soliloques du pauvre, édition revue, corrigée et augmentée de poèmes inédits, illustrations par A. Steinlen. *Paris, P. Sevin et E. Rey*, 1903, in-12, fig., br., couv.

Exemplaire imprimé sur **papier du Japon**.

749. **Robida**. Le Voyage de M Dumollet, texte et dessins par A. Robida. *Paris. Georges Decaux, s. d.*, gr. in-8, fig., br., couv.

Exemplaire imprimé sur **papier du Japon**.
Envoi de M. Robida à M. Giacomelli.
Croquis original à la plume.

750. **Robida**. Voyage de fiançailles au XXe siècle, texte et dessins par A. Robida. *Paris, Librairie L. Conquet*, 1892, in-18, fig., cart. Bradel, dos et coins de mar. citron, non rog., couv. (*Champs*).

Exemplaire imprimé sur **papier de Chine**, non mis dans le commerce.
Offert par l'éditeur à M. Giacomelli.

751. **Rodenbach** (Georges). Bruges-la-Morte. Quarante-trois compositions originales d'après nature, dessinées et gravées sur bois par Henri Paillard. *Paris, Librairie L. Conquet, L. Carteret et Cie, succrs*. 1900, in-8, fig., cart. Bradel, dos et coins de mar. rouge foncé, fil., tête dor., non rog., couv. (*Dupré*).

Tirage unique à 200 exemplaires sur papier vélin des Papeteries du Marais.
Exemplaire offert par l'éditeur à M. Giacomelli.

752. **Rodrigues** (E.). Cours de Danse fin de siècle. Illustrations de Louis Legrand. *Paris, Dentu.* 1892, gr. in-8, fig., cart. Bradel, dos et coins de mar. grenat, dos orné et mosaïqué, fil. ébarbé, couv. (*Carayon*).

Frontispice et 10 planches hors texte.
Tirage unique à 350 exemplaires.

753. **Roe** (Edward P.). Nature's serial Story. Illustrated by W. Hamilton Gibson and F. Dielman. *New-York, Harper and Brothers.* 1885, pet. in-4, fig., demi-rel. dos et coins de mar. rouge, dos orné, fil., tête dor., non rog. (*Dupré*).

Envoi autographe de M. Hamilton Gibson à M. Giacomelli.

754. **Roger-Ballu.** Les Dessins du siècle. *Paris, L. Baschet et Ch. Gillot, s. d.*, in-fol., pap. vél., texte encadré d'un filet rouge, cart. de l'éditeur, tr. rouges.

755. **Rollinat** (Maurice). Les Névroses. *Paris, Charpentier,* 1883, in-12, port. de l'auteur, par Desmoulin, cart. dos et coins de toile verte, ébarbé, couv. (*P. Vié*).

Édition définitive.
Envoi d'auteur à M. Giacomelli.

756. **Rops** (Félicien). Son œuvre, par Huysmans, J. Pradelle, J. Péladan, Eug. Demolder, Em. Verhaeren, C. Lemonnier, Fél. Champsaur, Oct. Mirbeau, etc. *Paris*, 1896, pet. in-4 à 2 col., fig., cart.

N° 172 de *La Plume littéraire, artistique et sociale*, consacré au Maître Félicien Rops.

757. **Rostand** (Edmond). Cyrano de Bergerac, comédie historique en cinq actes en vers. — L'Aiglon, drame en six actes, en vers. *Paris, Librairie Charpentier et Fasquelle,* 1898-1900, 2 vol. in-12, br., couv.

Éditions originales.

758. **ROSTAND** (Edmond). La Samaritaine, évangile en trois tableaux, en vers. *Paris, Librairie Charpentier et Fasquelle,* 1897, in-4, demi-rel. dos et coins de mar. olive, dos orné et mosaïqué de mar. bleu, fil., tête dor., non rog., couv. illust. (*Dupré*).

Un des **25** exemplaires imprimés sur **papier du Japon**, couverture en double état, avant l'impression du titre.

759. **Rousseau** (J.-J.). Les Confessions, nouvelle édition illustrée de quatre-vingt seize compositions par Maurice Leloir, gravées à l'eau-forte, préface de Jules Claretie. *Paris, Librairie artistique H. Launette et Cie*, 1889, 2 vol. gr. in-8, fig., demi-rel. mar. vert, fil. sur le dos et les plats, têtes dor. ébarbés, couv. (*Dupré*).

Exemplaire imprimé sur grand papier vélin ; couvertures en double état, tirées en bistre, et avant le titre, sur Japon.

760. **Rousseau** (J.-J.). Les Confessions avec une préface par Marc-Monnier. Treize eaux-fortes par Ed. Hédouin. *Paris, Librairie des Bibliophiles*, 1881, 4 vol. in-8, fig., cart. Bradel, dos et coins de mar. rose, têtes dor., non rog., couv. (*Dupré*).

Exemplaire sur **grand papier Whatman**, contenant la suite des figures d'Hédouin, en double épreuve, avec et avant la lettre. On a ajouté **6 épreuves d'artiste** de la même suite.
Envoi autographe de l'éditeur à M. Giacomelli.

761. **Rousseau** (J.-J.). La Nouvelle Héloïse, avec une préface par J. Grand-Carteret. Dessins d'Edmond Hédouin, gravés par lui-même et par Toussaint. Eaux-fortes de Lalauze imprimées dans le texte. *Paris, Librairie des Bibliophiles*, 1889, 6 vol. in-8, fig., br., couv.

Exemplaire imprimé sur **papier Whatman**, contenant les treize eaux-fortes d'Hédouin, en double épreuve avec et avant la lettre.
Envoi de l'éditeur à M. Giacomelli.

762. **Roy** (Camille). Chansons pour tout le monde. Chansons et poésies illustrées par ses amis. *Lyon, Imprimerie Storck, s. d.* (1896), in-4, planch. hors texte, en feuilles, renfermé dans le cartonnage de l'éditeur.

Ouvrage contenant 223 compositions de Eug. Froment, Fél. Bauer L., Boulanger, Eug. Sicart, P. Flandrin, Aug. Reynaud, Ed. Gros, Choubrac, G. Rochegrosse, etc., reproduites en héliogravure avant la lettre.
Envoi de M. Camille Roy à M. Giacomelli.

763. **Saintine** (X.-B.). Le Chemin des écoliers. Promenade de Paris à Marly-le-Roy en suivant les bords du Rhin, avec 450 vignettes de G. Doré, Foster, etc. *Paris, L. Hachette et Cie*, 1861, in-8, fig., cart. dos et coins perc. bleue, non rog., couv.

Exemplaire du premier tirage.

764. **Saintine** (X.-B.). La Mythologie du Rhin, illustrée par Gustave Doré. *Paris, Hachette et Cie*, 1862, in-8, fig., cart., dos et coins de perc. bleue, non rog., couv.

Premier tirage des illustrations de Gustave Doré.

765. **Saint-Pierre** (Bernardin de). Paul et Virginie. *Paris, de l'Impr. de Monsieur*, 1789, pet. in-12, fig., veau jaspé, dent., tr. dor. (*Rel. anc.*).

Edition originale, ornée de 4 figures de Moreau et Vernet.

766. **SAINT-PIERRE** (Bernardin de). Paul et Virginie (et la Chaumière indienne). *Paris, L. Curmer*, 1838, gr. in-8, fig. et portr., demi-rel. dos et coins de mar. bleu, fil. à froid, tête dor., non rog., couv. (*Dupré*).

Beau livre illustré d'environ 450 vignettes sur bois dans le texte, de planches et de portraits hors texte et d'une carte, par Tony Johannot, Français, Marville, Meissonier, Huet, Steinheil, etc.
Cet exemplaire contient le portrait du Docteur, par Meissonier, en épreuve avant la lettre, une épreuve sur Chine volant du portrait dit de la Bonne femme (Médaillon de Mme Curmer) et la couverture de l'ouvrage, ornements typographiques imprimés sur bleu pâle, de toute fraîcheur.

767. **Saint-Pierre** (Bernardin de). Paul et Virginie, préface par J. Janin, compositions d'Emile Lévy, gravées à l'eau-forte par Flameng, dessins de Giacomelli, gravés sur bois par Rouget et Sargent. *Paris, Librairie des Bibliophiles*, 1875, in-16, texte encadré d'un fil. rouge, fig., demi-rel dos et coins de mar. brun, tête dor., non rog., couv. (*Dupré*).

Exemplaire imprimé sur **papier de Chine**.
Envoi de l'éditeur à M. Giacomelli.
On y a ajouté un frontispice inédit de **Ed. Morin**. **Aquarelle originale**, avec l'eau-forte définitive de cette composition, gravée par le même artiste et les **fumés** de toutes les illustrations du livre.

768. **Saint-Pierre** (Bernardin de). Paul et Virginie, avec notice et notes par M. Anatole France. *Paris, Alph. Lemerre*, 1878, in-8, texte encadré d'un fil. rouge, br., couv.

Exemplaire imprimé sur **papier Whatman**.

769. **Saint-Pierre** (Bernardin de). Paul et Virginie, précédé d'une étude par S. Cambray. Eaux-fortes de Laguillermie. *Paris, Librairie des Bibliophiles*, 1878, in-8, fig., br., couv.

Exemplaire imprimé sur **papier Whatman**, contenant les eaux-fortes en double épreuve, avec et avant la lettre.
Envoi de l'éditeur à M. Giacomelli.

770. **Saint-Pierre** (Bernardin de). Paul et Virginie. Illustrations de Maurice Leloir. *Paris, H. Launette*, 1887, 2 vol. in-4, fig.,

cart. Bradel dos et coins de mar. bleu, dos ornés, fil., têtes dor., non rog.

Exemplaire de grand luxe imprimé sur **papier du Japon**, contenant la suite des 12 figures hors texte, avec et avant la lettre. Le 2e volume forme un album contenant le tirage à part sur Japon des 120 vignettes sur bois intercalées dans le texte.

Le faux-titre porte : Exemplaire de collaborateur, *offert à Hector Giacomelli, par son bien dévoué* : H. Launette.

771. **Saint-Victor** (Paul de). Les Deux masques. Tragédie-comédie. Les Modernes. Shakespeare. Le Théâtre français. *Paris, Calmann-Lévy*, 1883, in-8, demi-rel. chag. grenat.

Exemplaire d'épreuves non corrigées, donné par M. Alidor Delzant à M. Giacomelli.

772. **Saint-Victor** (Paul de). Hommes et Dieux. Etudes d'histoire et de littérature. *Paris, Michel Lévy frères*, 1867, gr. in-8, cart. dos et coins de perc. rouge, ébarbé, couv. (*P. Vié*).

Edition originale.

773. **SAINTE-BIBLE** (La) selon la Vulgate. Traduction nouvelle (par MM. J.-J. Bourassé et P. Janvier, chanoines de l'Eglise métropolitaine de Tours), avec les dessins de Gustave Doré. *Tours, Alfred Mame et fils*, 1866, 2 vol. in-fol., cart. dos de perc., non rog.

Exemplaire sur **papier de Chine**, contenant les 228 planches de Gustave Doré, en premier tirage.

774. **Sainte-Bible** (La) selon la Vulgate (par MM. J.-J. Bourassé et P. Janvier), chanoines de l'Eglise métropolitaine de Tours), avec les dessins de Gustave Doré (ornementation du texte par H. Giacomelli). *Tours, Alfr. Mame et fils*, 1866, 2 vol. in-fol., fig., mar. brun, compart. de jeu de fil., dent. int., tête dor., ébarbés.

Exemplaire du premier tirage sous cette date, contenant 228 compositions de Gustave Doré.

775. **Salvador** (J.). Histoire de la domination romaine en Judée et de la ruine de Jérusalem. *Paris Guyot et Scribe*, 1847, 2 vol. in-8, demi-rel. chag. noir, tr. jasp.

Mouillures.

776. **Sand** (George). Les Beaux Messieurs de Bois-Doré. Illustrations d'Adrien Moreau, gravées sur bois par Brauer, Froment, Hamel, Méaulle, Rousseau et Thomas. *Paris, Librairie de l'Edition nationale, Emile Testard*, 1892, 2 vol. gr. in-8, fig., demi-rel. dos et coins de mar. bleu, dos ornés à petits fers, fil., têtes dor., non rog., couv. (*Champs*).

Un des **35** exemplaires sur **papier de Chine**, tirage de grand luxe, contenant :

1° La suite des **fumés** de toutes les vignettes du texte.

2° Les gravures hors texte en quadruple épreuve : sur Chine, avec la lettre ; sur Chine, en bistre, avant la lettre ; sur Chine, avant la lettre, avec remarque et eaux-fortes sur Chine.

777. **Sand** (George). Elle et Lui. *Paris, L. Hachette et Cie*, 1859, in-12, cart. dos et coins de perc. verte, ébarbé, couv.

Edition originale.

On y joint : Vicomte de Spoelberch de Lovenjoul. La Véritable histoire de « Elle et Lui », notes et documents. *Paris, Calmann Lévy*, 1897, in-12, br., couv.

778. **Sand** (George). François le Champi. Dessins et aquarelles de Eug. Burnand, gravure de Guillaume frères. *Paris, Calmann Lévy*, 1888, in-8, fig., demi-rel. dos et coins de mar. vert olive, tête dor., ébarbé (*Dupré*).

779. **Sand** (George). Histoire de ma vie. *Paris, Victor Lecou*, 1854-1855, 20 vol. in-8, cart., tr. jasp.

780. **Sand** (George). La Marquise. *Paris, Calmann Lévy*, 1888, in-12, fig., demi-rel. dos et coins de mar. bleu, non rog., couv. (*Carayon*).

Exemplaire imprimé sur papier vélin du Marais, orné d'un portrait de George Sand et de 9 vignettes dessinées par Baugnies et gravées par Courboin, en double épreuve, avec le nom des artistes et l'eau-forte pure.

781. **Sand** (George). Mauprat. Dix compositions par Le Blant, gravées à l'eau-forte par H. Toussaint. Collection Calmann Lévy (*Paris*), *A. Quantin*, 1886, gr. in-8, fig., br., couv.

782. **Sand** (George) et Alfred de **Musset**. Correspondance publiée d'après les documents originaux, par Félix Decori, avec dessins d'Alfred de Musset et fac-similés d'autographes. *Bruxelles, Deman*, 1904, in-8, br., couv.

783. **Sarazin**. Contes d'Alsace sur les âges de la Pierre et du Bronze, par un professeur des anciennes facultés de Strasbourg. *Paris, Berger-Levrault*, 1886, in-8, cart. dos et coins de perc. rouge, ébarbé.

Envoi d'auteur à M. Giacomelli.

784. **Sautereau** (Edm.). Bords de la Loire et du Loiret. Frontispice de Giacomelli, gravé à l'eau-forte par Lalauze. *Paris, Alph. Lemerre*, 1878, in-12, cart. dos et coins de perc. verte, ébarbé, couv. (*Paul Vié*).

Edition originale.
Exemplaire contenant le frontispice en *double épreuve* et une pièce de vers de Edm. Sautereau, adressée à M. Giacomelli, intitulée : *L'Aigle et le Roitelet*, 5 strophes.

785. **Scarron**. Le Roman comique, publié par les soins de D. Jouaust, avec une préface par Paul Bourget. Eaux-fortes par Léop. Flameng. *Paris, Librairie des Bibliophiles*, 1880, 3 vol. in-8, fig., br., couv.

Exemplaire sur **papier Whatman**, contenant les eaux-fortes en double épreuve, avec et avant la lettre.
Envoi de l'éditeur à M. Giacomelli.

786. **Scarron**. Le Roman comique. Nouvelle édition, illustrée de trois cent cinquante compositions par Edouard Zier. *Paris, Librairie artistique, H. Launette*, 1888, 2 vol. in-4, fig., cart. Bradel dos et coins de mar. brun, têtes dor., non rog., couv. illust. (*Champs*).

Exemplaire imprimé sur **papier du Japon**, contenant une lettre et un envoi de l'éditeur à M. Giacomelli.

787. **Schwob** (Marcel). Le Livre de Monelle. *Paris, Léon Chailley*, 1894, in-16, br., couv.

Edition originale.
Un des **10** exemplaires imprimés sur **papier du Japon**.

788. **Sciama** (André). A. Semiane. Paris en sonnets, illustré de vingt-neuf compositions par Henriot. *Paris, Librairie L. Conquet*, 1897, in-8, fig. en couleurs, br., couv. illust.

Edition imprimé à 300 exemplaires, non mis dans le commerce.
Exemplaire au nom de M. Giacomelli.

789. **Sensier** (Alfred). Etude sur Georges Michel. *Paris, Alph. Lemerre*, 1873, gr. in-8, fig. gr. à l'eau-forte, br., couv.

790. **Sensier** (Alfred). Souvenirs sur Th. Rousseau. *Paris, L. Techener. Durand Ruel,* 1872, in-8, portr., br., couv.

791. **Sensier** (Alfred). La Vie et l'Œuvre de J.-F. Millet. Manuscrit publié par Paul Mantz, avec de nombreuses illustrations. *Paris, A. Quantin,* 1881, gr. in-8, fig., cart. dos et coins de toile rouge, non rog., couv.

Exemplaire imprimé sur **grand papier vélin**, orné de planches en héliogravure hors texte et de nombreux dessins dans le texte, d'après les originaux les plus célèbres.

On y a ajouté 7 reproductions de l'œuvre de Millet gravées par Piquet épreuves sur chine avant la lettre, un portrait de Millet, dessin de Bocourt gravé par Tourfaut avec une épreuve à l'état de fumé.

792. **Silvestre** (Armand). La Chanson des Heures. Poésies nouvelles (1874-1878). *Paris, G. Charpentier,* 1878, in-12, cart., dos et coins de perc. grenat, ébarbé, couv. (*Champs*).

Edition originale.
Exemplaire imprimé sur **papier de Hollande**.
Envoi de Arm. Silvestre à M. Giacomelli.

793. **Silvestre** (Armand). Trente sonnets pour Mademoiselle Bartet. Portrait-frontispice par Atalaya, gravé à l'eau-forte par F. Massé. *Paris. Henri Floury,* 1896, br. in-8, couv.

Tirage limité à 200 exemplaires numérotés sur **papier Japon impérial**.

Exemplaire contenant le portrait de Mlle Bartet en double épreuve, en noir et en sanguine.

794. **Silvestre** (Théophile). Histoire des artistes vivants français et étrangers. *Paris, E. Blanchard,* 1856, gr. in-8, port., demi-rel. dos et coins de chag. rouge, tête dor., ébarbé.

Première série seule parue, illustrée de 10 portraits pris au Daguerréotype et gravés sur acier.

795. **Simon** (Jules). L'Affaire Nayl. Trois condamnés à mort. *Paris, Calmann-Lévy,* 1883, in-12, demi-rel. dos et coins de mar. bleu, tête dor. ébarbé (*Dupré*).

Edition originale.
A Giacomelli. — Jules Simon.

796. **Sonderland** (J.-B.). Bilder und Randzeichnungen zu deutschen Dichtungen erfunden und radirt von J.-B. Sonderland. *Düsseldorf, verlag von Julius Buddeus, s. d.,* gr. in-4, planches grav. à l'eau-forte, cuir de Russie, dos orné, dent. à froid, fil. or.

797. **Sonnets et eaux-fortes 1869**. *Paris, Alphonse Lemerre*, in-4, dans le cart. de l'éditeur.

Poésies de Jean Aicard, Th. de Banville, Auguste Barbier, Louis Bouilhet, Léon Cladel, François Coppée, A. France, de Laprade, etc., etc. — Eaux-fortes de Léon Gaucherel, Emile Lévy, C. Nanteuil, G. Doré, Gérome, L. Flameng, Bracquemond, Boilvin, etc., etc.

798. **Soulié** (Frédéric). La Lanterne magique. Histoire de Napoléon, racontée par deux soldats, ornée de 50 vignettes avec des annotations par E. de La Bédollière. *Paris, Alph. Henriot*, 1838, in-8, fig., cart. dos et coins de perc. grise, non rog., couv. illust.

799. **Soulié** (Frédéric). Le Lion amoureux. Nouvelle édition illustrée de 19 vignettes dessinées par Sahib et gravées au burin sur acier par Nargeot, avec notice historique et littéraire par Ludovic Halévy. *Paris, Librairie L. Conquet*, 1882, in-18, fig., demi-rel. dos et coins de mar. vert, dos orné et mosaïqué, fil., tête dor., non rog., couv. (*Champs*).

Exemplaire imprimé sur **papier fin de Hollande**.
Offert par l'éditeur à M. Giacomelli.
On a joint à la fin du volume le prospectus-spécimen de l'ouvrage.

800. **Southey** (Robert). L'Angleterre et les anglais, ou petit portrait d'une grande famille, copié et retouché par deux témoins oculaires (J. de Gourbillon et Dickenson). *Paris, Le Normant*, 1817, 3 vol. in-8, demi-rel. bas. rouge.

801. **Staal-Delaunay** (Mme de). Mémoires, avec une préface par Mme la baronne Double et quarante et une eaux-fortes par Ad. Lalauze. *Paris, Librairie des Bibliophiles*, 1890, 2 vol. in-8, fig., br., couv.

Exemplaire imprimé sur **papier Whatman**, contenant les gravures en double épreuve ; dont le tirage à part avant la lettre.

802. **Staal** (Madame de). Mémoires. Un portrait et trente compositions de C. Delort gravés au burin et à l'eau-forte par L. Boisson. Préface par René Vallery-Radot. *Paris, Librairie L. Conquet*, 1891, in-8, fig., demi-rel. dos et coins de mar. bleu, tête dor., non rog., couv. (*Dupré*).

Exemplaire imprimé sur **grand papier vélin du Marais**, contenant le tirage à part sur Japon, de toutes les illustrations du texte.

803. **Stendhal** (de) (Henri **Beyle**). La Chartreuse de Parme. Réimpression textuelle de l'édition originale, illustrée de 32 eaux-fortes

par V. Foulquier, préface de Francisque Sarcey. *Paris, Librairie L. Conquet*, 1883, 2 vol. gr. in-8, fig., cart. dos et coins de perc. bleue, non rog., couv.

Exemplaire imprimé sur **papier du Japon,** contenant **3 états** des eaux-fortes dont l'eau-forte pure.
Envoi de l'éditeur à M. Giacomelli.

804. **Stendhal** (de) [Henry **Beyle**]. Œuvres. *Paris, Michel et Calmann Lévy*, 1853-1876, 10 vol. in-12, cart. dos et coins de perc. bleue.

Promenades dans Rome. 2 vol. — Histoire de la peinture en Italie. 1 vol. — Romans et Nouvelles. 1 vol.— Racine et Shakspeare. 1 vol.—Vie de Rossini. 1 vol. — Rome, Naples et Florence. 1 vol. — Correspondance inédite. 2 vol. — Vie de Napoléon. 1 vol.

805. **Stendhal** (de) [Henri **Beyle**]. Le Rouge et le noir. Réimpression textuelle de l'édition originale, illustrée de 80 eaux-fortes par H. Dubouchet, préface de Léon Chapron. *Paris, L. Conquet*, 1884, 3 vol. gr. in-8, fig., cart., dos et coins de perc. rouge, non rog., couv.

Exemplaire imprimé sur **papier du Japon**, contenant **3 états** des eaux-fortes, dont l'eau-forte pure.
Offert par l'éditeur à M. Giacomelli.

806. **Sterne**. Voyage sentimental en France et en Italie, traduction nouvelle par Alfred Hédouin, six eaux-fortes par Edmond Hédouin. *Paris, Librairie des Bibliophiles*, 1875, in-8, fig., demi-rel. dos et coins de mar. bleu, tête dor., non rogné (*Dupré*).

Exemplaire imprimé sur **papier Whatman**, contenant la suite des figures d'Hédouin, en double épreuve avec et avant la lettre.
Envoi autographe de l'éditeur à M. Giacomelli.

807. **STERNE**. Voyage sentimental en France et en Italie, traduction et notice de M. Em. Blémont, illustrations de Maurice Leloir, comprenant 220 dessins dans le texte et 12 grandes compositions hors texte. *Paris, Librairie artistique, H. Launette*, 1884, in-4, fig., demi-rel. dos et coins de mar. rouge, tête dor. ébarbé, couv. (*Dupre*).

Un des **25** exemplaires sur **papier du Japon**, non mis dans le commerce, contenant les gravures hors texte en épreuves avant la lettre.
Sur le faux-titre une **aquarelle originale** de **Maurice Leloir**. Les plats intérieurs de la reliure portent la couverture de la traduction américaine imprimée en couleur sur satin.

808. **Straparole.** Les Facétieuses nuits, traduites par J. Louveau et P. de Larivey, publiées avec une préface et des notes par G. Brunet. Quatorze dessins de J. Garnier gravés à l'eau-forte par Champollion. *Paris, Librairie des Bibliophiles*, 1882, 4 vol. in-8, fig., br., couv.

Exemplaire imprimé sur **papier Whatman**, contenant les gravures en double épreuve avec et avant la lettre.
Envoi de l'éditeur à M. Giacomelli.

809. **Sully Prudhomme.** L'Expression dans les Beaux-Arts. *Paris, Alph. Lemerre*, 1883, in-8, br., couv.

Edition originale.
A M. Giacomelli à l'excellent artiste, hommage d'admiration et de sympathie. SULLY-PRUDHOMME.

810. **Sully Prudhomme.** Poésies (1865-1880). *Paris, Alph. Lemerre*, 1877-1880, 4 vol. pet. in-12, cart., dos et coins de percal. verte, ébarbés, couv. (*P. Vié*).

Chaque volume porte un envoi de Sully Prudhomme à M. Giacomelli.

811. **Sully Prudhomme.** Les Vaines tendresses, 1875. — Le Prisme, poésies diverses, 1886. Le Bonheur, poème, 1888. *Paris, Alph. Lemerre*, 3 vol. in-12, 1 vol. br. et 2 vol. cart. dos et coins de perc. rose, ébarbés, couv.

Chaque volume porte un envoi de Sully Prudhomme à M. Giacomelli.
Editions originales.

812. **Swift.** Les quatre voyages du capitaine Lemuel Gulliver, traduction de l'abbé Desfontaines, revue, complétée et précédée d'une notice par H. Reynald, gravures à l'eau-forte par Lalauze. *Paris, Librairie des Bibliophiles*, 1875, 2 tomes en 4 fascicules in-8, fig., br., couv.

Exemplaire sur **papier Whatman**, contenant les eaux-fortes en double épreuve avec et avant la lettre.
Envoi de l'éditeur à M. Giacomelli.

813. **Taine.** Les Origines de la France contemporaine. *Paris, L. Hachette et Cie*, 1880-1891, 6 vol. in-8, br.

L'Ancien Régime, 1 vol. — La Révolution, 3 vol. — Le Régime moderne, 2 vol.

814. **Taine.** Voyage aux Pyrénées. Troisième édition illustrée par

Gustave Doré. *Paris, L. Hachette et Cie.* 1860. in-8. fig., demi-rel. dos et coins de mar. orange, fil., tête dor., non rog. (*Dupré*).

Cette 3e édition, dont le texte a été remanié et considérablement augmenté, contient 350 vignettes sur bois, dont une cinquantaine à pleine page (*Brivois*).

815. **Taphanel** (Achille). Le Théâtre de Saint-Cyr (1689-1792) d'après des documents inédits. *Versailles et Paris.* 1876, in-8, portrait de Mme de Maintenon, br., couv.

Exemplaire imprimé sur **papier de Chine** au nom de M. Giacomelli.

816. **Tasso** (Torquato). Aminta favola boscareccia. *In Parigi,* 1745, *appresso Prault,* pet. in-12, titre et vign. grav., mar. rouge, fil., tr. dor. (*Rel. anc.*).

Exemplaire réglé.

817. **Tasse.** L'Aminte, drame pastoral, traduction nouvelle par Emmanuel Chambert, avec une eau-forte d'Ad. Lalauze. *Paris, Impr. D. Jouaust,* 1879, in-8, demi-rel. dos et coins de mar. rouge, tête dor., non rog.

Le faux-titre porte : Tiré à 200 exemplaires ; celui-ci imprimé sur papier vélin, contient le frontispice en double épreuve, avant et avec la lettre.

Lettre autographe du traducteur, 4 pages, adressée à M. Giacomelli ajoutée.

818. **Tasse**. Aminte, traduction du sieur de la Brosse, avec une préface par H. Reynald, compositions de Victor Ranvier, gravées à l'eau-forte par Champollion, dessins de H. Giacomelli, gravés sur bois par Méaulle. *Paris, Librairie des Bibliophiles,* 1882. in-16, fig., demi-rel. dos et coins de mar. olive, tête dor., non rog., couv. impr. en bleu et or (*Dupré*).

Exemplaire imprimé sur **papier de Chine**, contenant le tirage à part des vignettes et un billet autographe au crayon de l'éditeur M. Jouaust, adressé à M. Giacomelli :

Nous voici, mon bien cher ami, au cinquième volume de cette aimable et mignonne collection, dont vos gracieux dessins sont un des plus grands attraits. Puissiez-vous assez conserver vos yeux pour que nous en fassions encore beaucoup d'autres. D. Jouaust.

819. **Taylor** (Tom). Birket Foster's pictures of English landscape (Engraved by the brothers Dalziel), with pictures in words by Tom Taylor. *London, Routledge, Warne,* 1864, pet. in-4, 30

fig. grav. sur bois, demi-rel. dos et coins de mar. bleu, dos orné, fil., tr. dor. (*Dupré*).

Exemplaire monté sur onglets.

820. **Tennyson.** Elaine, poëme traduit de l'anglais par Francisque Michel, avec neuf gravures sur acier d'après les dessins de Gustave Doré. *Paris, L. Hachette et Cie*, 1867, in-fol., fig., cart. toile rouge, fers spéciaux, non rog.

Premier tirage des illustrations de Gustave Doré.

821. **Testament** (Histoire de l'Ancien et du Nouveau), représentée par des figures et des explications tirées de l'Ecriture Sainte et des Pères de l'Eglise, par Le Maistre de Sacy (Royaumont). *Paris, L. Curmer*, 1835, pet. in-fol. à 2 col., fig., cart., non rog.

Exemplaire imprimé sur **papier de Chine**, portant l'ex-libris de Henri Béraldi.

822. **The Life** and Habits of wild animals, illustrated by designs by Joseph Wolf, engraved by J. W. et Edward Whymper, with descriptive letter-press by Daniel Giraud Elliot. *London, Alex. Macmillan*, 1874, in-4, cart. toile verte, fers spéciaux, tr. dor.

823. **Théocrite.** Idylles, traduction nouvelle par Jules Girard. Compositions d'Emile Lévy, gravées à l'eau-forte par Champollion, dessins de Giacomelli, gravés sur bois par Berveiller. *Paris, Librairie des Bibliophiles*, 1888, in-16, fig., demi-rel. dos et coins de mar. brun, tête dor., non rog., couv. impr. bleu et or (*Dupré*).

Exemplaire imprimé sur **papier de Chine,** contenant les 5 vignettes en tirage à part, épreuves avant la lettre et eaux-fortes pures.

824. **Theuriet** (André). Jardin d'Automne. *Paris, Alph. Lemerre*, 1894, in-12, br., couv.

Edition originale.
Exemplaire imprimé sur **papier de Hollande**, enrichi de **2 aquarelles originales** de **H. Giacomelli,** aux chapitres : *L'Allée en Fleurs* et *Plein air*.

825. **Theuriet** (André). Jardin d'Automne. *Paris, Alph. Lemerre*, 1894, in-12, br., couv.

Edition originale.
Exemplaire imprimé sur **papier de Chine**.

826. **Theuriet** (André). Les Œillets de Kerlaz. Edition originale, illustrée de quatre eaux-fortes de Rudaux, de huit en-têtes et culs-de-lampe de Giacomelli, gravés par T. de Mare. *Paris, Librairie L. Conquet*, 1885, in-16, fig., mar. vert olive, bouquet d'œillets mosaïqué de mar. de diverses couleurs sur le premier plat de la reliure, compart. intérieur de mar. vert, olive, avec fil., doublure et gardes en soie grenat, tr. dor., couv. (*Marius Michel*).

Exemplaire imprimé sur **papier du Japon**, contenant **3 états** des eaux-fortes (eaux-fortes pures, avant la lettre et avec la lettre).
Envoi de l'éditeur à M. Giacomelli.

827. **Theuriet** (André). Les Œillets de Kerlaz. Édition originale, illustrée de quatre eaux-fortes de Rudaux, de huit en-têtes et culs-de-lampe de Giacomelli, gravés par T. de Mare. *Paris, L. Conquet*, 1885, in-16, fig., br., couv.

Exemplaire imprimé sur papier vergé du Marais.

828. **THEURIET** (André). **Nos Oiseaux.** Aquarelles de Hector Giacomelli. *Paris, H. Launette*, 1886, gr. in-4, fig., mar. vert olive jans., dent. int., tête dor., couv. (*Dupré*).

Exemplaire sur **papier du Japon**.
Aquarelle originale de M. **Giacomelli**, sur le faux-titre.
Exemplaire unique, dont toutes les planches hors texte et les vignettes intercalées dans le texte, ont été **rehaussées à l'aquarelle**, par M. Giacomelli.

829. **THEURIET** (André). **Nos Oiseaux.** Cent-dix compositions de H. Giacomelli, gravées sur bois par J. Huyot. *Paris, Librairie artistique, H. Launette*, 1887, gr. in-8, fig., mar. bleu, compart. de fil. sur le dos et sur les plats, ornem. de branchages et de fleurs en mosaïque, doublure et gardes en satin crème avec guirlandes et bouquets de fleurs, br., tête dor., non rog. (*Marius Michel*).

Superbe exemplaire sur **papier du Japon**, imprimé au nom de M. Giacomelli, contenant la suite des **fumés**, sur Chine, de toutes les illustrations du texte et sur le faux-titre, une charmante **aquarelle originale** de **Giacomelli.**

830. **THEURIET** (André). **Nos Oiseaux.** Cent-dix compositions de H. Giacomelli, gravées sur bois par J. Huyot. *Paris, Librairie artistique, H. Launette*, 1887, gr. in-8, fig., cart. Bradel dos

et coins de mar. vert, dos orné, fil., non rog., couv. illust. (*Carayon*).

Exemplaire contenant le frontispice en double épreuve sur Japon. Eau-forte pure et avant la lettre.
Enrichi de **22 aquarelles originales** de **Giacomelli**.

831. **Theuriet** (André). Œuvres. *Paris, Alph. Lemerre*, 1884-1889, 3 vol. in-12, br.

Madame Heurteloup. — Nouvelles. — Sauvageonne.
Chaque volume porte un envoi de M. Theuriet à M. Giacomelli.

832. **Theuriet** (André). Poésies et romans. *Paris, Alph. Lemerre*, 1870-1898. 10 vol. in-12, br., couv.

Nouvelles intimes, 1870. — Le Livre de la Payse, 1883. — Le Bleu et le Noir, 1874. — Péché mortel, 1885. — Bigarreau, 1886. — Les Œillets de Kerlaz, 1887. — Amour d'Automne, 1888. — Même ouvrage, illustré par S. Macchiati. — Boisfleury, 1897. — Le Refuge, 1898.
Éditions originales.
Chaque volume porte un envoi d'auteur.

833. **Theuriet** (André). Romans. *Paris, G. Charpentier*, 1878-1886, 8 vol. in-12, br., couv.

Sous Bois, 1878. — Nos Enfants, Le Filleul d'un Marquis, 1878. — Le Fils Maugars, 1879. — Toute seule, 1880. — Madame Heurteloup, 1882. — Le Journal de Tristan, 1884. — Tante Aurélie. — Hélène.
Éditions originales.
Chaque volume porte un envoi de M. Theuriet à M. Giacomelli.

834. **Theuriet** (André). Romans. *Paris, P. Ollendorff*. 1879-1885, 5 vol. in-12, br., couv.

La Maison des Deux Barbeaux, 1879. — Sauvageonne, 1881. — Les Mauvais Ménages, 1882. — Michel Verneuil, 1883. — Eusèbe Lombard, 1885.
Éditions originales.
Chaque volume porte un envoi de M. Theuriet à M. Giacomelli.

835. **Theuriet** (André). Sous Bois. Impressions d'un forestier. *Paris, G. Charpentier*, 1878, in-12, cart. perc. rouge, ébarbé, couv.

Édition originale.
Exemplaire imprimé sur **papier de Hollande**, portant l'ex-libris et la signature de M. Edmond de Goncourt.

836. **THEURIET** (André). **Sous Bois.** Nouvelle édition, illustrée de soixante-dix-huit compositions de H. Giacomelli, gravées sur bois par Berveiller, Froment, Méaulle et Rouget, préface de Jules

Claretie. *Paris, L. Conquet, G. Charpentier*, 1883, pet. in-8, fig., mar. vert, compart. de 4 fil. sur le dos et de 6 fil. sur les plats, avec branchage et fleurs mosaïquées en mar. sur le premier plat de la reliure, compart. de mar. vert à l'intérieur avec fil., doublure et gardes de soie marron, tr. dor., couv., étui (*Marius-Michel*).

Exemplaire imprimé sur **papier de Chine**, contenant les illustrations en double épreuve, avant la lettre.
Envoi de l'éditeur à M. Giacomelli, qui a enrichi cet exemplaire de **quatre aquarelles originales**.

837. **Theuriet** (André). La Vie rustique. Compositions et dessins de Léon Lhermitte, gravures sur bois de Clément Bellenger. *Paris, Librairie artistique, H. Launette et Cie*, 1888, in-4, fig., cart. Bradel dos et coins de mar. vert, ébarbé, couv. (*Champs*).

Un des **25** exemplaires imprimés sur **papier vélin de cuve** teinté.

838. **Thiers** (Adolphe). Histoire de l'Expédition d'Egypte, 1 vol. — Histoire de la Campagne d'Italie, 2 vol. *Paris, Furne*, 1850, 3 vol. in-8, cart. toile rouge.

Ces deux ouvrages forment les tomes VII, VIII et X de l'*Histoire de la Revolution française de Thiers*.

839. **Tillier** (Claude). Mon Oncle Benjamin. Nouvelle édition, illustrée d'un portrait et de 42 dessins de Sahib, gravés sur bois par Prunaire, avec une préface par Monselet. *Paris, Librairie L. Conquet*, 1881, 2 tomes en 1 vol. in-8, fig., cart. Bradel dos de mar. vert, tête dor., non rog., couv. illust. (*Dupré*).

Un des **25** exemplaires imprimés sur **papier de Chine fort**.

840. **Toussenel** (A.). L'Esprit des Bêtes. Quatrième édition, revue et corrigée, 1 vol. — Le Monde des Oiseaux, ornithologie passionnelle. Quatrième édition, entièrement revue, augmentée et ornée de figures, 3 vol. — *Paris, E. Dentu*, 1884. Ens. 4 vol. in-8, fig., br.

841. **Trimmer** (Mrs). The History of the Robins. With 70 illustrations by Giacomelli. *London, T. Nelson and Sons*, 1875, pet. in-4, fig., demi-rel., dos et coins de mar. orange, tête dor., non rog. (*Dupré*).

Dessins de H. Giacomelli, gravés par Sargent, Whymper, Berveiller, Rouget et Morison.

842. **Uhlands** Gedichte mit holzschnitten nach zeichnungen von Camphausen. Closz. Mackart. Max. Schrodter. Schülz. *Stuttgart*. 1867, in-4. fig., mar. rouge, ornements en relief sur le dos et les plats. tr. dor. (*Rel. de l'éditeur*).

843. **Uzanne** (Octave). L'Eventail ; L'Ombrelle ; Le Gant ; le Manchon. Illustrations de Paul Avril. *Paris. A. Quantin*, 1882-1883, 2 vol. gr. in-8. fig., demi-rel., dos et coins de mar. vert. compositions mosaïquées sur les dos. fil., têtes dor., ébarbés (*Champs*).

Exemplaires du premier tirage, contenant la suite des illustrations en couleurs en tirage à part sur papier du Japon ; couv. illust. imprimées sur satin et sur papier du Japon.

844. **Vacquerie** (Auguste). Tragaldabas. Edition illustrée de 54 compositions de Edouard Zier, gravées par F. Méaulle. *Paris, Georges Chamerot*, 1886, in-4. fig., mar. vert. fleuron sur mar. orange, répété sur le dos et aux angles des plats. avec fleuron de milieu : grappe de raisin. doublure et gardes en soie moirée rouge. tr. dor. (*Asper frères à Genève*).

Un des **25** exemplaires imprimés sur **papier de Chine**.

845. **Vallès** (Jules). Les Réfractaires. *Paris, Ach. Faure*, 1866, in-12. cart., dos et coins de toile rouge.

Edition originale.

846. **Vaucaire** (Maurice). Parcs et Boudoirs. front. de Giacomelli. gravé à l'eau-forte par Mongin. *Paris, Alph. Lemerre*, 1887, in-12. front., br., couv.

Exemplaire imprimé sur **papier de Chine** :
A Monsieur Giacomelli, bien affectueusement de son reconnaissant
MAURICE VAUCAIRE.

847. **Vaulabelle** (Achille de). Chûte de l'Empire, histoire des deux Restaurations jusqu'à la chûte de Charles X. *Paris, Perrotin*, 1847-1854. 7 vol. in-8, demi-rel., chag. vert, tr. jasp.

848. **Verlaine** (Paul). Choix de poésies avec un portrait de l'auteur par Eug. Carrière. *Paris, Bibliothèque G. Charpentier*, 1891. in-12. portr., cart. dos et coins toile bleue, ébarbé, couv. (*Champs*).

Un des **30** exemplaires imprimés sur **papier de Hollande**.

849. **Vernet** (Horace) par Silvestre, *s. l. n. d.*, gr. in-8 de 52 pages demi-rel. dos et coins de chag. rouge (Extrait de l'Histoire des artistes vivants). — Joseph. Carle et Horace Vernet. Correspondance et biographies par Amédée Durande. *Paris, Hetzel, s. d.*, in-12, cart. dos et coins de toile bleue. Ensemble 2 vol.

850. **Versailles.** Le Roi. Histoire de Versailles, de ses rues, places et avenues, depuis l'origine de cette ville jusqu'à nos jours. *Versailles, P. Oswald*, 1868, 2 vol. in-8, fig. et cartes, br., couv.

851. **Versailles** pendant l'occupation, par T. Delros. Recueil de documents pour servir à l'histoire de l'invasion allemande. *Paris, Versailles*, 1873, gr. in-8 à 2 col. cart.

852. **Versailles**, 3 vol.

Tableau de la guerre des Allemands dans le département de Seine-et-Oise, 1870-1871, par G. Desjardins. *Versailles, Cerf*, 1873, in-8, br. — Versailles et ses habitants en 1789, par Louis Batiffol. *Versailles*, 1890, in-12 br. (*Envoi d'auteur à M. Giacomelli*). — La Ville de Versailles, son histoire, ses monuments, ses rues, par Aug. Jehan. *Versailles*, 1900, in-12, fig. et plan, chag. grenat (*Rel. souple*).

853. **Vie de Lazarille de Tormès.** Traduction nouvelle et préface de A. Morel-Fatio. Nombreuses illustrations et eaux-fortes de Maurice Leloir. *Paris, H. Launette*, 1886, gr. in-8, fig., demi-rel., dos et coins de mar. vert, tête dor., ébarbé, couv. (*Dupré*).

Exemplaire imprimé sur **papier du Japon**, contenant la suite des eaux-fortes en **3 états**. Eaux-fortes pures, avant la lettre avec remarque et avant la lettre.
Envoi de l'éditeur à M. Giacomelli.

854. **Vie Moderne** (La). Journal hebdomadaire illustré, littéraire et artistique. *Paris, G. Charpentier*, 1879-1880, 3 vol. in-fol., fig., demi-rel., dos et coins de mar. rouge, dos ornés, fil., têtes dor., ébarbés.

Première et deuxième année.

855. **Vigny** (Alfred de). Les Consultations du Docteur Noir. Stello. Première consultation. Troisième édition. *Paris, Charles Gosselin*, 1836, in-8, demi-rel., dos et coins de mar. vert, dos orné, fil., ébarbé, couv. (*Champs*).

856. **Vigny** (Alfred de). Servitude et Grandeur militaires. Dessins de Julien Le Blant gravés à l'eau-forte par Champollion. *Paris, Librairie des Bibliophiles*, 1885, in-8, fig., cart. Bradel, dos et coins de mar. rouge, ébarbé, couv.

Exemplaire imprimé sur **papier de Chine fort**, contenant 2 portraits différents de l'auteur et les figures en double épreuve : avec et avant la lettre.
Envoi de l'éditeur à M. Giacomelli.

857. **Villiers de l'Isle-Adam** (Comte de). Chez les Passants (Fantaisies, pamphlets et souvenirs). Frontispice de Félicien Rops. *Paris, Comptoir d'édition*, 1890, in-12, front., br., couv.

Edition originale.
Exemplaire auquel est ajouté un billet autographe de l'auteur.
On y joint : Contes cruels. Septième édition. 1893. — Nouveaux contes cruels et propos d'au-delà. 1896. 2 vol.
R. Du Pontavice de Heussey. Villiers de l'Isle-Adam. L'Ecrivain. L'Homme. 1893. 1 vol.

858. **Villiers de l'Isle-Adam** (Comte de). Histoires souveraines. *Bruxelles, Edm. Deman*, 1899, in-4 cart. de l'éditeur, non rog., couv.

859. **Villon.** Œuvres, publiées avec préface, notes et glossaires, par Paul Lacroix. *Paris, Librairie des Bibliophiles*, 1877, in-8, br.

860. **Villon.** Œuvres, texte revisé et préface par Jules de Marthold. Quatre-vingt dix illustrations en deux teintes de Robida. *Paris, L. Conquet*, 1897, in-8, fig., cart. Bradel, dos et coins de mar. grenat, dos orné, fil., non rog., couv. (*Carayon*).

Exemplaire imprimé sur **papier de Chine** contenant le tirage à part sur Chine de toutes les illustrations du texte.
Lettre autographe de M. Robida à M. Giacomelli.
Envoi de l'éditeur.

861. **Voet** (Le Dr J.-E.). Catalogue systématique des Coléoptères (avec l'explication en français, en latin et en hollandais). *La Haye, chez G. Bakhuysen*, 1806, 2 vol. in-4, planches col., veau acajou jaspé. (*Rel. anc.*).

Ouvrage contenant 105 planches gravées par Kleemann et coloriées avec soin, à chaque planche est ajoutée une classification manuscrite.
Exemplaire J.-G. Van Lidth de Jeude qui l'a offert en souvenir à M. Giacomelli.

862. **Vogüé** (Vicomte E.-M. de). Le Manteau de Joseph Olénine. *Paris, Librairie L. Conquet*, 1889, in-16, port., cart. dos et coins de perc. grise, non rog., couv.

Edition imprimée à 200 exemplaires sur papier vélin du Marais non mis dans le commerce.
Exemplaire offert par l'éditeur à M. Giacomelli.

863. **Voltaire**. Romans, préface par Arsène Houssaye. Eaux-fortes par Laguillermie. *Paris, Librairie des Bibliophiles*, 1878. 5 vol. in-8, fig., br., couv.

Zadig. — Candide. — L'Ingénu. — La Princesse de Babylone. — Lettres d'Amabed.
Exemplaire imprimé sur **papier Whatman**, contenant la suite des eaux-fortes en double épreuve avec et avant la lettre.

864. **Voyage où il vous plaira**, par Tony Johannot, Alfred de Musset et P.-J. Stahl. *Paris, publié par J. Hetzel*, 1843, gr. in-8, fig., cart. Bradel, dos et coins de mar. noir, non rog., couv. (*Champs*).

Premier tirage des illustrations de Tony Johannot.
On y a joint la couverture de la 20e livraison.

865. **Vuillier** (Gaston). Les Iles oubliées. Les Baléares. La Corse et la Sardaigne, impressions de voyage illustrées par l'auteur. *Paris, Librairie Hachette et Cie*, 1893, in-4, fig., demi-rel. dos et coins, veau fauve, tr. dor. (*Rel. de l'éditeur*).

866. **Watkins** (The Rev. M. G.). Pictures of Bird life in pen and pencil with illustrations by Giacomelli. *London, Cassell, Petter, Galpin, s. d.*, gr. in-4, planch., demi-rel. dos et coins de mar. grenat, fil., tête dor., non rog. (*Dupré*).

867. **Wilson** (Daniel). William Nelson a memoir. *Edinburgh, printed for private circulation*, 1889, in-8, portrait chag. bleu, tr. dor.

868. **Wolff** (Albert). Cent chefs-d'œuvre des collections parisiennes *Paris, Georges Petit et Ludovic Baschet, s. d.*, in-fol., fig. dans le texte et planches hors texte, en feuilles, couv., renfermé dans le cart. de l'éditeur, recouvert en soie grisaille.

Exemplaire imprimé sur **papier de Chine** au nom de M. Giacomelli.
Planches hors texte avant la lettre.

869. **Wordsworth** (le Dr C.). La Grèce pittoresque et historique, traduction de M. E. Regnault. Illustrations sur acier et sur bois par les premiers artistes de Paris et de Londres. *Paris, L. Curmer*, 1841, gr. in-8, fig., demi-rel. dos et coins de mar. bleu, tête dor., non rog. (*Dupré*).

Gravures hors texte avant la lettre, la légende imprimée sur papier fin.

870. **Zola** (Emile). L'Argent. *Paris, Bibliothèque Charpentier*, 1891, in-12, br., couv.

Edition originale.
Exemplaire imprimé sur **papier de Hollande.**

871. **Zola** (Emile). L'Assommoir. *Paris, G. Charpentier*, 1877, in-12, br., couv.

Edition originale.
Exemplaire imprimé sur **papier de Hollande.**
Envoi d'Emile Zola à M. Giacomelli.

872. **Zola** (Emile). L'Attaque du Moulin, compositions de Emile Boutigny, gravures à l'eau-forte et en couleurs par Claude Faivre. *Paris, Librairie de la Collection des Dix*, 1901, gr. in-8, fig., br., couv. illust.

Exemplaire imprimé sur papier vélin d'Arches.

873. **Zola** (Emile). La Bête humaine. *Paris, G. Charpentier*, 1890, in-12, br., couv.

Edition originale.
Exemplaire imprimé sur **papier de Hollande.**
Envoi d'Emile Zola à M. Giacomelli.

874. **Zola** (Emile). Au Bonheur des Dames. *Paris, G. Charpentier*, 1883, in-12, br., couv.

Edition originale.
Exemplaire imprimé sur **papier de Hollande.**
A Giacomelli, son ami. EMILE ZOLA.

875. **Zola** (Emile). Le Capitaine Burle (Comment on meurt; pour une Nuit d'amour; aux Champs; La Fête à Coqueville; L'Inondation). *Paris, G. Charpentier*, 1883, in-12, br., couv.

Edition originale.
Exemplaire imprimé sur **papier de Hollande.**
A Giacomelli son ami. EMILE ZOLA.

876. **Zola** (Emile). Le Capitaine Burle. (Comment on meurt. Pour une nuit d'amour. Aux Champs. La Fête à Coqueville. L'Inondation). — Naïs Micoulin (Nantas. La Mort d'Olivier Bécaille. Madame Naigeon. Les Coquillages de M. Chabre. Jacques Damours). *Paris, G. Charpentier*, 1883, 2 vol. in-12, cart., dos et coins toile rouge, ébarbés, couv.

Editions originales.
Envoi d'Emile Zola à M. Giacomelli.

877. **Zola** (Emile). La Confession de Claude. *Paris, A. Lacroix, Verboeckhoven*, 1866, in-12, cart., dos et coins toile rouge, non rog., couv.

Edition originale.
Envoi d'Emile Zola à M. Giacomelli.

878. **Zola** (Emile). Contes et Nouveaux Contes à Ninon. *Paris, J. Hetzel et A. Lacroix s. d., G. Charpentier*, 1877, 2 vol. in-12 cart. dos et coins, toile rouge, non rog., couv.

Editions originales.
Au premier ouvrage un envoi d'Emile Zola à M. Giacomelli.

879. **Zola** (Emile). La Débacle. *Paris, G. Charpentier et E. Fasquelle*, 1892, in-12, br., couv.

Edition originale.
Exemplaire imprimé sur **papier de Hollande**.

880. **Zola** (Emile). Le docteur Pascal. *Paris, G. Charpentier et E. Fasquelle*, 1893, in-12, br., couv.

Edition originale.
Exemplaire imprimé sur **papier de Hollande**.

881. **Zola** (Emile). Documents littéraires. Etudes et portraits. *Paris, G. Charpentier*, 1881, in-12, br., couv.

Edition originale.
Exemplaire imprimé sur **papier de Hollande**.
A Giacomelli, son bien dévoué et bien affectueux. EMILE ZOLA.

882. **Zola** (Emile). Ed. Manet. Etude biographique et critique. *Paris. Dentu*, 1867. in-8 de 48 pages, br., portr. et fig. (*Envoi d'Emile Zola à L. Ulbach*). — La République et la Littérature. *Paris, G. Charpentier*, 1879, br., in-8 de 40 pages.

883. **Zola** (Emile). Germinal. *Paris, G. Charpentier*, 1885, in-12, br., couv.

Edition originale.
Exemplaire sur **papier de Hollande**.
Envoi d'Emile Zola à M. Giacomelli.

884. **Zola** (Emile). La Joie de vivre. *Paris, G. Charpentier*, 1884, in-12, br., couv.

Edition originale.
Exemplaire imprimé sur **papier de Hollande**.

885. **Zola** (Emile). La Terre. *Paris, G. Charpentier*, 1887, in-12, br., couv.

Edition originale.
Exemplaire imprimé sur **papier de Hollande**.

886. **Zola** (Emile). Le Rêve. *Paris, G. Charpentier*, 1888, in-12, br., couv.

Edition originale.
Exemplaire imprimé sur **papier de Hollande**.

887. **Zola** (Emile). Madeleine Férat. *Paris, A. Lacroix, Verboeckhoven*, 1868, in-12, cart., dos et coins toile rouge, non rog., couv.

Edition originale.
Envoi d'Emile Zola à M. Giacomelli.
La couverture porte 2e édition.

888. **Zola** (Emile). Mes Haines, causeries littéraires et artistiques. *Paris, Achille Faure*, 1866, in-12, cart., dos et coins toile rouge, non rog., couv.

Edition originale.
Envoi d'Emile Zola à M. Giacomelli.

889. **Zola** (Emile). Mon Salon, augmenté d'une dédicace et d'un appendice. *Paris, Librairie Centrale*, 1866, in-12, cart., dos et coins toile rouge, non rog., couv.

Edition originale.

890. **Zola** (Emile). Les Mystères de Marseille. Nouvelle édition. *Paris, G. Charpentier*, 1884, in-12, br., couv.

Exemplaire imprimé sur **papier de Hollande**.

891. **Zola** (Emile). Naïs Micoulin. (Nantas. — La Mort d'Olivier Bécaille. — Madame Neigeon. — Les Coquillages de M. Chabre. — Jacque Damour). *Paris, G. Charpentier*, 1884, in-12, br., couv.

Edition originale.
Exemplaire imprimé sur **papier de Hollande**.

892. **Zola** (Emile). Nana. *Paris, G. Charpentier*, 1888, in-12, br., couv.

Edition originale.
Exemplaire imprimé sur **papier de Hollande.**

893. **Zola** (Emile). Le Naturalisme au Théâtre. Les Théories et les exemples. *Paris, G. Charpentier*, 1881, in-12, br., couv.

Exemplaire imprimé sur **papier de Hollande** : la couverture porte 2e édition.
A Giacomelli, son dévoué et affectueux Emile Zola.

894. **Zola** (Emile). Nos auteurs dramatiques. *Paris, G. Charpentier*, 1881, in-12, br., couv.

Edition originale.
Exemplaire imprimé sur **papier de Hollande**.

895. **ZOLA** (Emile). Nouveaux contes à Ninon. 1 frontispice et 30 compositions dessinés et gravés à l'eau-forte par Ed. Rudaux. *Paris, Librairie L. Conquet*, 1886, 2 tomes en 1 vol. in-8, fig., mar. bleu, compart. de double fil. entrelacés sur le dos et sur les plats, compart. de mar. avec fil. intérieurement, doublure et gardes en soie rouge foncé, tr. dor., couv. et étui (*Marius Michel*).

Bel exemplaire imprimé sur grand **papier du Japon impérial** contenant **3 états** des eaux-fortes : Eaux-fortes pures, avant et avec la lettre.

896. **Zola** (Emile). L'Œuvre. *Paris, G. Charpentier*, 1886, in-12, br., couv.

Edition originale.
Exemplaire imprimé sur **papier de Hollande**.

897. **Zola** (Emile). Œuvres critiques. *Paris, G. Charpentier*, 1881-1882, 5 vol. in-12, cart. dos et coins toile rouge, non rog., couv. (*Carayon*).

Le Naturalisme au Théâtre. — Nos Auteurs dramatiques. — Les Ro-

manciers naturalistes. — Documents littéraires. Etudes et portraits. — Une Campagne.
Editions originales.

898. **Zola** (Emile). Une Page d'amour. *Paris, G. Charpentier*, 1878, in-12, br., couv.

Edition originale.
Exemplaire imprimé sur **papier de Hollande**.
Envoi de M. Emile Zola à M. Giacomelli.

899. **Zola** (Emile). Une Page d'amour, précédé d'une lettre-préface avec dessins d'Edouard Dantan, gravés à l'eau-forte par A. Duvivier, *Paris, Librairie des Bibliophiles*, 1884, 2 vol. in-8, fig., cart. Bradel d. s et coins de mar. fauve, têtes dor., non rog., couv. (*Dupré*).

Exemplaire imprimé sur **papier de Chine fort**, contenant les figures en double épreuve, avec et avant la lettre.
Envoi de l'éditeur à M. Giacomelli.

900. **Zola** (Emile). Pot-Bouille. *Paris, G. Charpentier*. 1882, in-12, br., couv.

Edition originale.
Exemplaire imprimé sur **papier de Hollande**.

901. **Zola** (Emile). Les Quatre Evangiles. Fécondité. *Paris, G. Charpentier et Fasquelle*, 1899, 2 vol. in-8, br.

Edition originale, avec les couvertures.
Exemplaire imprimé sur **papier de Hollande**.

902. **Zola** (Emile). Les Quatre Evangiles. Travail. *Paris, Bibliothèque Charpentier, Eugène Fasquelle*, 1901, 2 vol. in-8, br.

Edition originale, avec les couvertures.
Exemplaire imprimé sur **papier de Hollande**.

903. **Zola** (Emile). Les Quatre Evangiles. Vérité. *Paris, Bibliothèque Charpentier, Eugène Fasquelle*, 1903, 2 vol. in-8, br.

Edition originale, avec la couverture.
Exemplaire imprimé sur **papier de Hollande**.

904. **Zola** (Emile). Renée, pièce en cinq actes. *Paris, G. Charpentier*, 1887, in-12, br., couv.

Edition originale.
Envoi d'Emile Zola à M. H. Giacomelli.

905. **Zola** (Emile). Les Romanciers naturalistes (Balzac, Stendhal, G. Flaubert, Edm. et J. de Goncourt, Alph. Daudet, etc.). *Paris, G. Charpentier*, 1881, in-12, br., couv.

Edition originale.
Exemplaire imprimé sur **papier de Hollande**.

906. **Zola** (Emile). Le Roman expérimental. *Paris, G. Charpentier*, 1880, in-12, br., couv.

Edition originale, la couverture porte troisième édition.
Exemplaire imprimé sur **papier de Hollande**.
A mon confrère en art Giacomelli, son dévoué. Emile Zola.

907. **Zola** (Emile). Thérèse Raquin. *Paris, A. Lacroix, Verboeckhoven*, 1868, in-12, cart. dos et coins toile rouge, non rog., couv.

Edition originale.
Petites tâches d'humidité. La couverture est datée de 1867.

908. **Zola** (Emile). Les Trois villes (Lourdes. — Rome. — Paris). Les Quatre Evangiles (Fécondité. — Vérité). *Paris. Bibliothèque Charpentier*, 1894-1903, 5 vol. in-12, br., couv.

Editions originales.
A l'exception du dernier ouvrage, tous les volumes portent un envoi de Emile Zola à M. Giacomelli.

909. **Zola** (Emile). Les Trois Villes. Lourdes. — Rome. — Paris. *Paris, Bibliothèque Charpentier*. 1894-1896-1898. 3 vol. in-12. br., couv.

Editions originales.
Exemplaires imprimés sur **papier de Hollande**.

910. **Zola** (Emile). Une Campagne, 1880-1881. *Paris. G. Charpentier*. 1882, in-12, br., couv.

Edition originale.
Exemplaire imprimé sur **papier de Hollande**.
A Giacomelli, son dévoué et affectueux. Emile Zola.

911. **Zola** (Emile). Le Vœu d'une morte. Nouvelle édition. *Paris. G. Charpentier*, 1889, in-12, br., couv.

Exemplaire imprimé sur **papier de Hollande**.
A Hector Giacomelli, son ami. Emile Zola.

912. **Zola** (Emile). Le Vœu d'une morte. *Paris, Ach. Faure*, 1866, in-12, cart. dos et coins toile rouge, non rog., couv.

Edition originale.

913. **ZOLA** (Emile). Les Rougon-Macquart. Histoire naturelle et sociale d'une famille sous le second Empire. *Paris, A. Lacroix, Verboeckhoren*, 1871, *G. Charpentier*, 1873-1893, 20 vol. in-12, cart. dos et coins toile rouge, ébarbés, couv.

La Fortune des Rougon. — La Curée. — Le Ventre de Paris. *Deuxième édition*. — La Conquête de Plassans. — La Faute de l'abbé Mouret. — Son Excellence Eugène Rougon. *Deuxième édition*. — L'Assommoir. — Une Page d'amour. — Nana. — Pot-Bouille. — Au Bonheur des Dames. — La Joie de vivre. — Germinal. — L'Œuvre. — La Terre. — Le Rêve. — La Bête humaine. — La Débâcle. — L'Argent. — Le Docteur Pascal, br., couv.

Editions originales.

18 de ces volumes (sur 20), portent un envoi d'Emile Zola à Giacomelli.

914. **Zola** (Emile). Guy de Maupassant. — J.-K. Huysmans. — Henry Céard. — L. Hennique. — Paul Alexis. Les Soirées de Médan. *Paris, G. Charpentier*, 1880, in-12, br., couv.

Edition originale.

Exemplaire imprimé sur **papier de Hollande**.

915. **Zola** (Emile). Guy de Maupassant. — J.-K. Huysmans. — Henry Céard. — L. Hennique. — Paul Alexis. Les Soirées de Médan, avec les six portraits des six auteurs. Eaux-fortes de F. Desmoulin et six compositions de Jeanniot, gravées à l'eau-forte par L. Muller. *Paris, G. Charpentier*, 1890, in-8 carré, br.

ORDRE DES VACATIONS

PREMIÈRE VACATION

Vendredi 19 Mai 1905.

Numéros

ABOUT. — ASSELINEAU. — BALZAC. — Théodore de BANVILLE. — BARBEY D'AUREVILLY. — BAUDELAIRE. — BERALDI. — BÉRANGER. — BERGERET. — BOURASSÉ. — BOURGET. — BURTY. — CHAMPFLEURY. Chants et Chansons populaires de la France. — CHEVIGNÉ. Contes Rémois. *Exemplaire sur Hollande*, vignettes sur Chine . . . . 1 à 184

DEUXIÈME VACATION

Samedi 20 Mai.

	Numéros
Pierre DUPONT. — ESPARBÈS. — EUDEL. — FLAUBERT. — FLORIAN. — FORAIN. — FOURNIER. — Anatole FRANCE. — FROMENTIN. — FUSILLOT (Reveilhac)	306 à 368
A. DUMAS. — A. DUMAS fils.	278 à 305
CLADEL. — CLARETIE. — COPPÉE. — DAUDET. — DAVILLIER. — DELAPALME. — DETAILLE. — DORAT. Les Baisers. 1770, *exemplaire en grand papier*. — DROZ. Monsieur, Madame et Bébé, *exemplaire sur Chine*. — A. DUMAS. Les Trois Mousquetaires, *exemplaire sur Japon*, aquarelles de Maurice Leloir	185 à 277

TROISIÈME VACATION

Lundi 22 Mai.

LA BRUYÈRE. — LACROIX. — LA FONTAINE. — LAMARTINE. — LECONTE DE LISLE. — J. LEMAITRE. — LE SAGE. — LONGUS.	494 à 549
GIACOMELLI. — GOETHE. — GOLDSMITH. — GONCOURT. — HALÉVY. — HENNIQUE. — HOUSSAYE. — Victor HUGO. — J. JANIN. — LA BORDE. Chansons. 1773.	400 à 493
Théophile GAUTIER. — GAVARNI. — GIACOMELLI.	369 à 399

QUATRIÈME VACATION

Mardi 23 Mai.

Numéros

MUSSET. — NADAUD. — NERVAL. — NODIER. — NORVINS. — PERRAULT. — PIEDAGNEL. La Pléïade, 1842. — PRÉVOST. — RABELAIS . . 665 à 730

LOTI. — MALLARMÉ. — MAUPASSANT. — MÉRIMÉE. — MICHELET. — MISTRAL. — MOLIÈRE. Henry MONNIER. — MONTORGUEIL. — Hégésippe MOREAU. — Louis MORIN. — MULLER. — A. DE MUSSET. Œuvres illustrées d'Aquarelles de H. Giacomelli . . . . 550 à 664

CINQUIÈME VACATION

Mercredi 24 Mai.

THIERS. — Claude TILLIER. — O. UZANNE. — VACQUERIE. — VERLAINE. — VIGNY. — VILLIERS DE L'ISLE-ADAM. — VOGUÉ. — ZOLA . 838 à 915

RAMEAU. — RENAN. — REVEILHAC. — ROBIDA. — RODENBACH. — RODRIGUES. — ROSTAND. George SAND. — B. DE SAINT-PIERRE. — STENDHAL. — STERNE. — THEURIET . . . 735 à 837

RACINE. — RAFFET. — RAMEAU. Nature, exemplaire orné de 146 Aquarelles de H. Giacomelli . . . . 731 à 734

Arras. — Imp. Schoutheer Frères, rue des Trois-Visages, 53.

www.ingramcontent.com/pod-product-compliance
Ingram Content Group UK Ltd.
Pitfield, Milton Keynes, MK11 3LW, UK
UKHW031857260826
14628UKWH00002B/825

9 782329 526829